教育部人文社会科学研究规划基金一般项目（19YJA890038）资助

姿势控制与老年人跌倒风险评估理论及方法

张庆来 著

人民体育出版社

图书在版编目（CIP）数据

姿势控制与老年人跌倒风险评估理论及方法 / 张庆来著.
-- 北京：人民体育出版社，2021
　ISBN 978-7-5009-6014-0

　Ⅰ.①姿… Ⅱ.①张… Ⅲ.①老年人—体育锻炼②老年人—猝倒—预防（卫生）Ⅳ.①G806②R592.01

中国版本图书馆 CIP 数据核字（2021）第039834号

*

人 民 体 育 出 版 社 出 版 发 行
北京中献拓方科技发展有限公司印刷
新　华　书　店　经　销

*

787×960　16开本　13.5印张　214千字
2021年5月第1版　2021年5月第1次印刷

*

ISBN 978-7-5009-6014-0
定价：60.00元

社址：北京市东城区体育馆路8号（天坛公园东门）
电话：67151482（发行部）　　邮编：100061
传真：67151483　　　　　　　邮购：67118491
网址：www.sportspublish.cn

（购买本社图书，如遇有缺损页可与邮购部联系）

前　言

　　姿势控制(Postural Control)是指控制身体在空间的位置以达到稳定性和方向性的目的。姿势控制包括了姿势稳定性和姿势方向性两个主要神经肌肉控制过程，即控制质心与支撑面关系并持身体环节间、身体与动作任务环境间适当关系的能力。由于衰老或某些神经病变会造成肌力下降、认知功能下降、感觉系统出现功能障碍，这将对姿势控制和平衡能力造成严重的影响，进而会增大老年人的跌倒风险。伴随老龄化社会的到来，老年人跌倒已成为严重妨害老年人健康的公共卫生问题。《"健康中国2030"规划纲要》特别提出了促进健康老龄化的问题，纲要强调应加强对老年人的健康指导与干预，并且指出国民体质要在"体医结合"的健康服务模式下，大力开展运动风险评估。

　　本书共分为六章：第一章绪论，介绍了老年人跌倒风险评估研究的目的、意义、内容以及技术路线等；第二章姿势控制理论及老年人跌倒研究进展，介绍了姿势控制理论及跌倒的相关概念、国内外老年人跌倒研究的现状；第三章老年人姿势控制能力测试方案优选，主要是通过专家调查法（Delphi）进行跌倒测试方案的优选；第四章老年人跌倒相关姿势控制能力指标测量与优势判别指标筛选，介绍了测量方法、指标体系、指标筛选过程；第五章基于姿势控制能力的老年人跌倒风险预测模型构建与验证，介绍了老年人跌倒风险BP神经网络预测模型的构建过程以及验证模型的预测能力；第六章老年人跌倒预防居家锻炼方法，介绍了居家徒手或简单器械的锻炼方法以及传统健身锻炼方法。显然，老年人跌倒的诱因异常复杂，本书并不能面面俱到，只能从某一个角度去探讨跌倒风险评估问题，仅为抛砖引玉之作，其中还有很多不足之处，研究的内容和范围还需要进一步充实和拓展。

本书在撰写过程中参考、引用了大量国内外专家学者的独到论断，在此对所有的编著者和出版者一并表示诚挚的谢意！本书在专家问卷调查过程中得到了全国运动生物力学和运动康复领域的诸多专家学者鼎力支持与帮助，在此表示诚挚的谢意；感谢我在美国威奇托州立大学访学时的导师罗杰斯·迈克尔教授和杨上游教授。同时，感谢课题组所有成员在课题研究过程中的辛苦付出，特别要感谢韩军昆、李文卿等研究生在实验测试及资料整理过程中的辛苦付出。

本书出版得到教育部人文社会科学研究规划基金"健康中国战略背景下老年人跌倒风险评估与运动干预研究"（19YJA890038）项目的经费资助，在此表示衷心的感谢！

尽管近年来一直从事运动生物力学理论与方法领域的教学与科研，围绕老年人平衡、步态以及跌倒等方面做出了一些探索性研究，但限于笔者的理论水平和写作能力，编写过程中可能会出现各种错误和不足，恳请读者批评指正。

张庆来
2020年12月

目 录

第一章 绪论 (1)

    一、选题依据 (1)

    二、研究假设 (4)

    三、技术路线 (4)

    四、研究内容 (8)

第二章 姿势控制理论及老年人跌倒研究进展 (9)

    第一节 姿势控制理论及相关概念 (9)

        一、相关概念及界定 (9)

        二、姿势控制理论 (11)

    第二节 老年人跌倒研究进展 (18)

        一、老年人跌倒风险研究现状 (18)

        二、姿势控制与老年人跌倒研究进展 (25)

    小结 (32)

第三章 老年人姿势控制能力测试方案优选 (34)

    第一节 研究方案设计 (34)

        一、研究对象 (34)

        二、研究方法 (34)

    第二节 姿势控制能力测试方法的筛选原则与方法 (38)

        一、老年人姿势控制能力测试方法的筛选原则 (38)

二、老年人姿势控制能力相关因素及测试方法的初选……（ 39 ）
三、老年人姿势控制能力影响因素及相关测试方法筛选……（ 48 ）

第三节　老年人跌倒相关姿势控制能力测试方法分析……（ 58 ）
一、专家的代表性分析……（ 58 ）
二、专家的积极性与权威性分析……（ 59 ）
三、测试方法的筛选过程分析……（ 60 ）

小结……（ 62 ）

第四章　老年人跌倒相关姿势控制能力指标测量与优势判别指标筛选……（ 64 ）

第一节　研究方案设计与实施……（ 65 ）
一、研究对象……（ 65 ）
二、研究方法……（ 66 ）

第二节　老年人跌倒相关姿势控制能力指标分析……（ 79 ）
一、测试对象基本情况分析……（ 79 ）
二、F组与NF组样本基本情况的比较……（ 80 ）
三、老年人跌倒相关姿势控制因素的比较……（ 81 ）
四、老年人跌倒相关姿势控制能力优势判别指标的筛选……（ 92 ）
五、老年人跌倒相关姿势控制能力优势判别指标分析……（ 99 ）

小结……（113）

第五章　基于姿势控制能力的老年人跌倒风险预测模型构建与验证……（114）

第一节　研究方案设计与实施……（114）
一、研究对象……（114）

二、研究方法……………………………………………………（115）

　第二节　老年人跌倒风险BP神经网络预测模型构建……………（119）

　第三节　老年人跌倒风险BP神经网络预测模型的验证…………（126）

　　一、预测模型验证………………………………………………（126）

　　二、预测模型分析………………………………………………（127）

　小结…………………………………………………………………（134）

第六章　老年人跌倒预防居家锻炼方法……………………………（135）

　第一节　徒手或简易器械锻炼方法………………………………（136）

　　一、徒手站立支撑动作…………………………………………（136）

　　二、徒手垫上功能动作…………………………………………（146）

　　三、弹力带辅助锻炼动作………………………………………（150）

　第二节　日常户外简易锻炼方法…………………………………（156）

　　一、健步走………………………………………………………（156）

　　二、广场舞………………………………………………………（158）

　　三、慢跑…………………………………………………………（158）

　第三节　传统健身功法简化锻炼方法……………………………（160）

　　一、精选太极拳动作……………………………………………（160）

　　二、精选八段锦动作……………………………………………（160）

　　三、精选五禽戏动作……………………………………………（161）

参考文献………………………………………………………………（162）

附　录…………………………………………………………………（188）

第一章 绪 论

一、选题依据

（一）研究背景

随着社会的发展，全球人口老龄化趋势日益凸显，已经成为21世纪不可逆转的人口发展趋势，目前该趋势正以前所未有的速度波及全球。据美国人口普查局发布的《老龄化的世界：2015》报告指出，目前全球65岁以上的老年人口已经超过6.17亿，占全球总人口的8.5%，预计到2050年，65岁及以上人口将占全球总人口的17%，或达16亿。联合国规定："60岁及以上人口占总人口的10%以上，或65岁及以上人口占7%以上的国家和地区称为'老年型'国家和地区"。全球范围内，不论是发达国家还是发展中国家，人口老龄化程度都在不断加重，人口老龄化已经开始从根本上改变人们的生存环境，同时也悄然改变着社会家庭成员的构成比例。

我国是世界上人口最多的国家，老龄化发展更是不可遏制，据2010年11月第六次全国人口普查结果显示，中国60岁以上人口已经接近1.78亿，占总人口比重的13.26%，65岁以上人口接近1.19亿，占总人口比重的8.87%，占亚洲老年人口的一半。国家统计局网站消息，根据《全国人口普查条例》和《国务院办公厅关于开展2015年全国1%人口抽样调查的通知》，中国以2015年11月1日零时为标准时点进行了全国1%人口抽样调查。数据显示，60岁及以上人口比重上升2.89个百分点，65岁及以上人口比重上升1.60个百分点，人口老龄化呈上升趋势。世界人口问题研究专家预计到21世纪中期，中国的老年人口将占全国总人口的25%，超过4亿大关。人口老龄化已经成为当今各个国家普遍存在的问题，吸引社会各界的高度重视。人口老龄化问题的日益严重，与有限的医疗资源之间形成尖锐的矛盾。2016年10月25日国家出台《"健康中国2030"规划纲要》，特别提出了促进健康老龄化的问题，强调应加强对老年人的健康指导与干预，并且指出国民体质要在"体医结合"的健康服务模式下，大力开展运动风险评估。因此不论从提高老年人生活质量，还是从减轻社会、国家以及家庭负担的角度来看，单纯以医院为中心的医疗诊断模式必将逐渐转变为以预防为主、自我监控为辅助、社区和家庭医疗为中心的"以人为本"的老龄化社会医疗模式。

当人类进入老年期这个生命历程的特定阶段后，都逃离不了生命活力下降及身体机能减退的客观过程。老年人的力量、速度、灵敏度等身体素质下降，平衡能力降低，感知觉功能退化，导致身体的姿势控制能力减弱，老年人极易发生跌倒，而且往往后果严重。"老年跌倒综合征"不仅造成了病人和家属的痛苦，还增加了医疗机构和社会的负担，已成为严重妨害老年人健康的公共卫生问题，对现存的医疗保障体系提出了严峻的挑战。来自美国国家健康中心的统计数据显示，每年65岁以上的老年人有1/3会发生至少1次跌倒，其中10%～30%的跌倒者会造成严重的伤害。2010—2013年期间，在美国因跌倒而引发的死亡比例由每10万人中有29.6人上升到每10万人中有56.7人，三年来死亡率翻了一番，2013年意外伤害导致老年人死亡的人数排在全部老年人死亡人数的第8位，而这些意外致死的老年人中有1/2是发生跌倒致死的。我国卫生部曾在《中国伤害预防报告》中指出，少年儿童和老年人发生意外伤害的概率最高，而跌倒成为老年人伤害的罪魁祸首，位居伤害死亡人数的首位。报告称我国65岁以上的老年人群中，男性跌倒概率在21%～23%，女性跌倒概率在43%～44%，跌倒者的平均年龄是63.4岁。据统计，我国每年至少有2000万老年人发生2500万次跌倒，直接医疗费用在50亿元人民币以上，社会代价为160～800亿元人民币。发生跌倒损伤后的老年人比无跌倒损伤的老年人总病死率高约5倍，70%跌倒与老年人的死亡相关，因此，老年人跌倒风险及伤害已成为制约老年人健康生命质量提升的一个主要因素，老龄化社会中老年人跌倒防控将是一个非常严峻的问题。从文献来看，目前国内外对老年人跌倒风险的预测及评价仍然存在较多问题，尽管用于跌倒风险评估的方法有多种，但不同方法对于跌倒风险评估结果的一致性有待进一步研究，对老年人跌倒风险进行系统评估的实验研究相对不足。跌倒风险评估多数都采用量表法评价，有些量表的操作流程非常复杂，需要相关专业人员根据受试者表现进行评分，存在一定的主观性；有些量表或测试方法虽然简单易行，但只能给出预测结果，不能明确诱发跌倒的关键因素，给制定针对性的干预措施带来不便，有些量表或测试方法还存在"天花板效应"。目前，也有通过监测仪器对老年人跌倒风险进行评估，但主要是针对跌倒事件的"事后判断"，即当老年人跌倒以后才能通过佩戴的检测仪器把跌倒信息通过无线信号传输到家人或相关医疗部门来实现报警，但很少见到对跌倒事件发生之前进行风险预测的仪器。因此，如何准确预测老年人跌倒风险将是当前老龄化社会中一个亟待解决的问题。本课题试图在老年人跌倒风险预测与评价方面进行多维度、多指标的探索研究，构建具有良好预测性能的老年人姿势控制能力及跌倒风险评估模型，为老龄化社会中老年人的跌倒防控提供理论参考依据及实践应用支持。

（二）研究目的

本研究旨在通过科学优化的实验测试方案，多维度获取影响老年人跌倒的姿势控制能力相关变量，基于姿势控制理论对老年人进行"功能导向"的跌倒因素分析，筛选能够预测跌倒事件发生的优势判别指标，并在此基础上进一步构建老年人跌倒风险预测模型，拟构建系统而科学的老年人姿势控制能力测评及跌倒风险评估体系，为老年人跌倒预防及功能锻炼提供理论基础及实践应用依据。

（三）研究意义

（1）本研究结合姿势控制理论，对影响老年人跌倒姿势控制能力的相关优势判别指标进行筛选和深入挖掘，探索发现跌倒与姿势控制能力指标之间的内在联系，对完善姿势控制理论和老年人跌倒风险评价有重要的理论参考价值。

（2）通过大量文献梳理及专家调查，初步确立有关老年人姿势控制能力的测试方法体系，为今后进一步开展老年人姿势控制能力与跌倒问题的定量研究提供参考依据。

（3）本文通过BP神经网络，创建老年人跌倒风险识别及评价模型，为老年人跌倒的预防及制订相关干预方案提供科学的量化参考依据，对开展老年跌倒防控工作及减少老年人跌倒事件的发生具有重要的现实意义。

（4）本研究在方法学上，利用社会学中的专家问卷调查法，通过专家的量化评价，筛选出合理有效的老年人姿势控制能力测试方法体系，弥补了实验测试中在方法选择上的主观性和片面性问题，在优势判别指标的数据挖掘方式上将单因素分析、判别分析与BP神经网络的数据模拟训练进行了科学组合，为老年人跌倒的深入量化研究开辟了一个新的途径。

（5）本研究内容将对《"健康中国2030"规划纲要》中关于促进健康老龄化的举措有积极的推动意义。加强对老年人健康指导与干预，结合国民体质的"体医结合"健康服务模式，开展运动风险评估。本研究能够为老年人跌倒预防及功能锻炼提供理论支持和科学有益的技术指导，从而减少老年人健身锻炼中运动风险发生，不断提升老龄化社会中老年人健康生命质量，对推动我国全民健康水平、构建以人为本的和谐社会有着重要的现实意义。

二、研究假设

假设一：跌倒与老年人姿势控制能力密切相关，受人体运动、感觉和认知功能系统的综合影响，且可能存在某些能够优势判别老年人跌倒姿势控制能力的影响因子。

假设二：通过分析姿势控制能力相关的跌倒优势判别指标，可能能够实现老年人跌倒风险预测。

三、技术路线

本研究主要围绕老年人姿势控制能力相关测试指标，以既往12个月内的跌倒史为因变量，对影响跌倒的优势判别因素进行挖掘，并结合跌倒优势判别指标利用神经网络创建跌倒预测模型。共由三大部分组成：第一部分是实验测试方案的优选（图1-1）；第二部分是老年人跌倒相关姿势控制能力指标测量及优势判别指标筛选（图1-2）；第三部分是构建基于姿势控制能力的老年人跌倒风险预测模型构建及验证（图1-3）。三大部分之间是依次递进，相互关联，形成一个完整的老年人跌倒风险评价体系。

第一章 绪 论

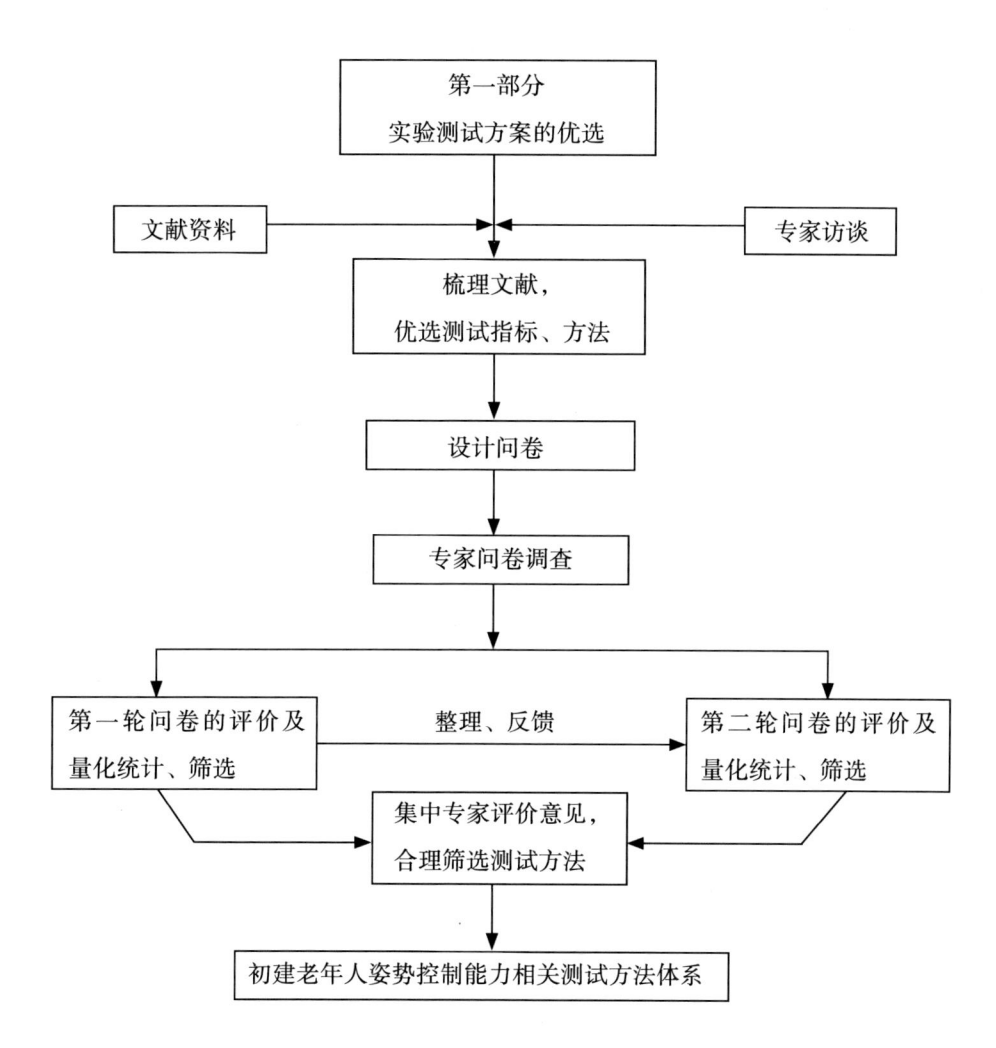

```
                    ┌─────────────────┐
                    │    第一部分      │
                    │ 实验测试方案的优选 │
                    └─────────────────┘
                             │
        ┌────────────┐       │       ┌────────────┐
        │  文献资料   │──────▶│◀──────│  专家访谈   │
        └────────────┘       ▼       └────────────┘
                    ┌─────────────────┐
                    │    梳理文献，     │
                    │ 优选测试指标、方法 │
                    └─────────────────┘
                             │
                             ▼
                    ┌─────────────────┐
                    │    设计问卷      │
                    └─────────────────┘
                             │
                             ▼
                    ┌─────────────────┐
                    │   专家问卷调查    │
                    └─────────────────┘
                        │         │
           ┌────────────┘         └────────────┐
           ▼                                    ▼
    ┌──────────────┐    整理、反馈      ┌──────────────┐
    │第一轮问卷的评价及│ ───────────────▶ │第二轮问卷的评价及│
    │ 量化统计、筛选  │                  │ 量化统计、筛选  │
    └──────────────┘                  └──────────────┘
           │                                    │
           └────────────┐         ┌────────────┘
                        ▼         ▼
                    ┌─────────────────┐
                    │  集中专家评价意见， │
                    │  合理筛选测试方法  │
                    └─────────────────┘
                             │
                             ▼
            ┌───────────────────────────────┐
            │初建老年人姿势控制能力相关测试方法体系│
            └───────────────────────────────┘
```

图1-1 技术路线（Ⅰ）

5

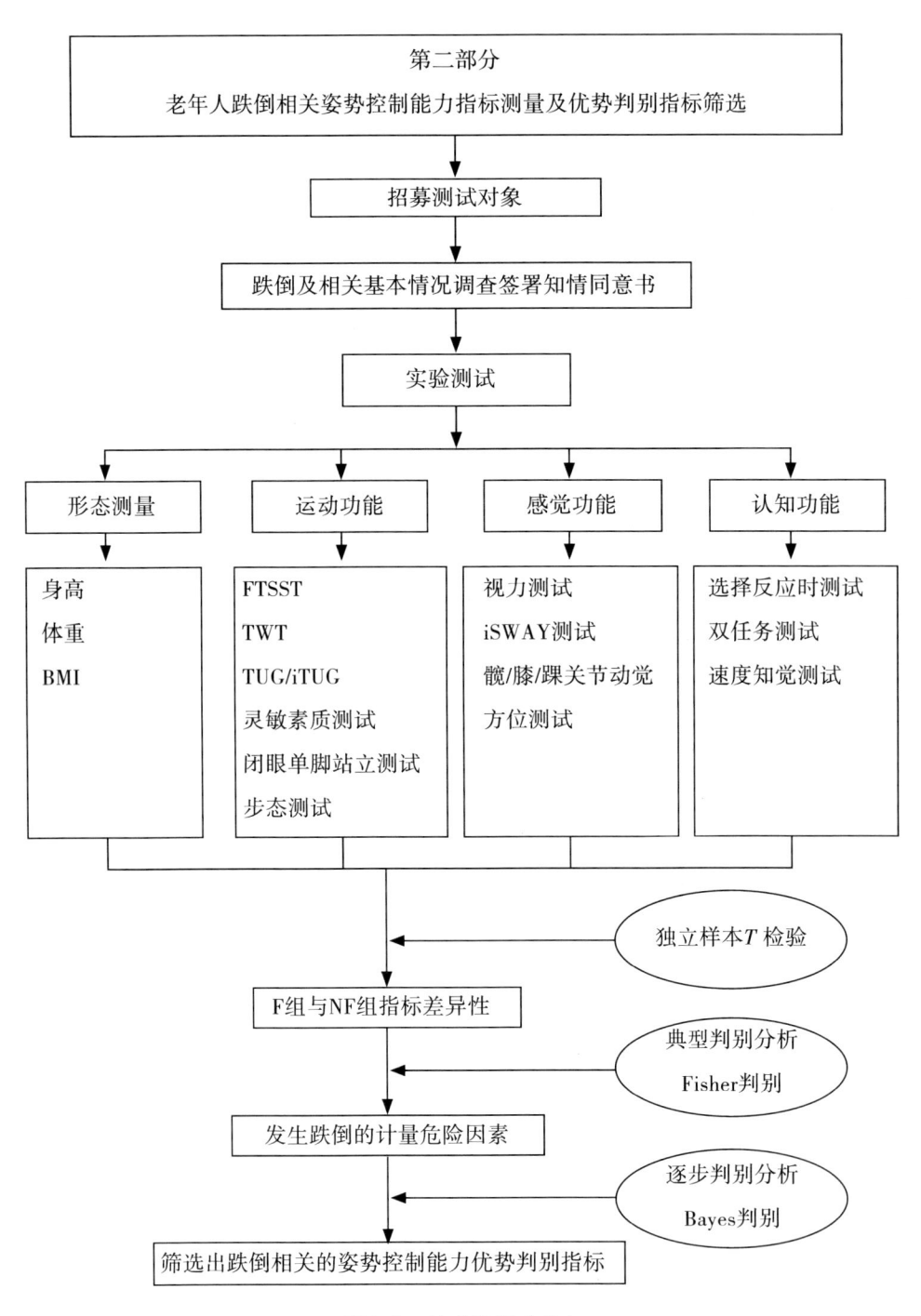

```
┌─────────────────────────────────────┐
│            第二部分                  │
│ 老年人跌倒相关姿势控制能力指标测量及优势判别指标筛选 │
└─────────────────────────────────────┘
                  ↓
          ┌──────────────┐
          │  招募测试对象  │
          └──────────────┘
                  ↓
      ┌────────────────────────┐
      │ 跌倒及相关基本情况调查签署知情同意书 │
      └────────────────────────┘
                  ↓
          ┌──────────────┐
          │   实验测试    │
          └──────────────┘
                  ↓
    ┌──────┬──────┬──────┬──────┐
    ↓      ↓      ↓      ↓
 形态测量 运动功能 感觉功能 认知功能
```

形态测量	运动功能	感觉功能	认知功能
身高	FTSST	视力测试	选择反应时测试
体重	TWT	iSWAY测试	双任务测试
BMI	TUG/iTUG	髋/膝/踝关节动觉	速度知觉测试
	灵敏素质测试	方位测试	
	闭眼单脚站立测试		
	步态测试		

```
              ↓                    ┌─────────────┐
                              ←────│ 独立样本T检验 │
   ┌──────────────────┐            └─────────────┘
   │ F组与NF组指标差异性 │
   └──────────────────┘            ┌─────────────┐
              ↓                ←───│  典型判别分析  │
                                   │   Fisher判别  │
   ┌──────────────────┐            └─────────────┘
   │ 发生跌倒的计量危险因素│
   └──────────────────┘            ┌─────────────┐
              ↓                ←───│  逐步判别分析  │
                                   │   Bayes判别   │
   ┌────────────────────────┐      └─────────────┘
   │ 筛选出跌倒相关的姿势控制能力优势判别指标 │
   └────────────────────────┘
```

图1-2 技术路线（Ⅱ）

第一章 绪 论

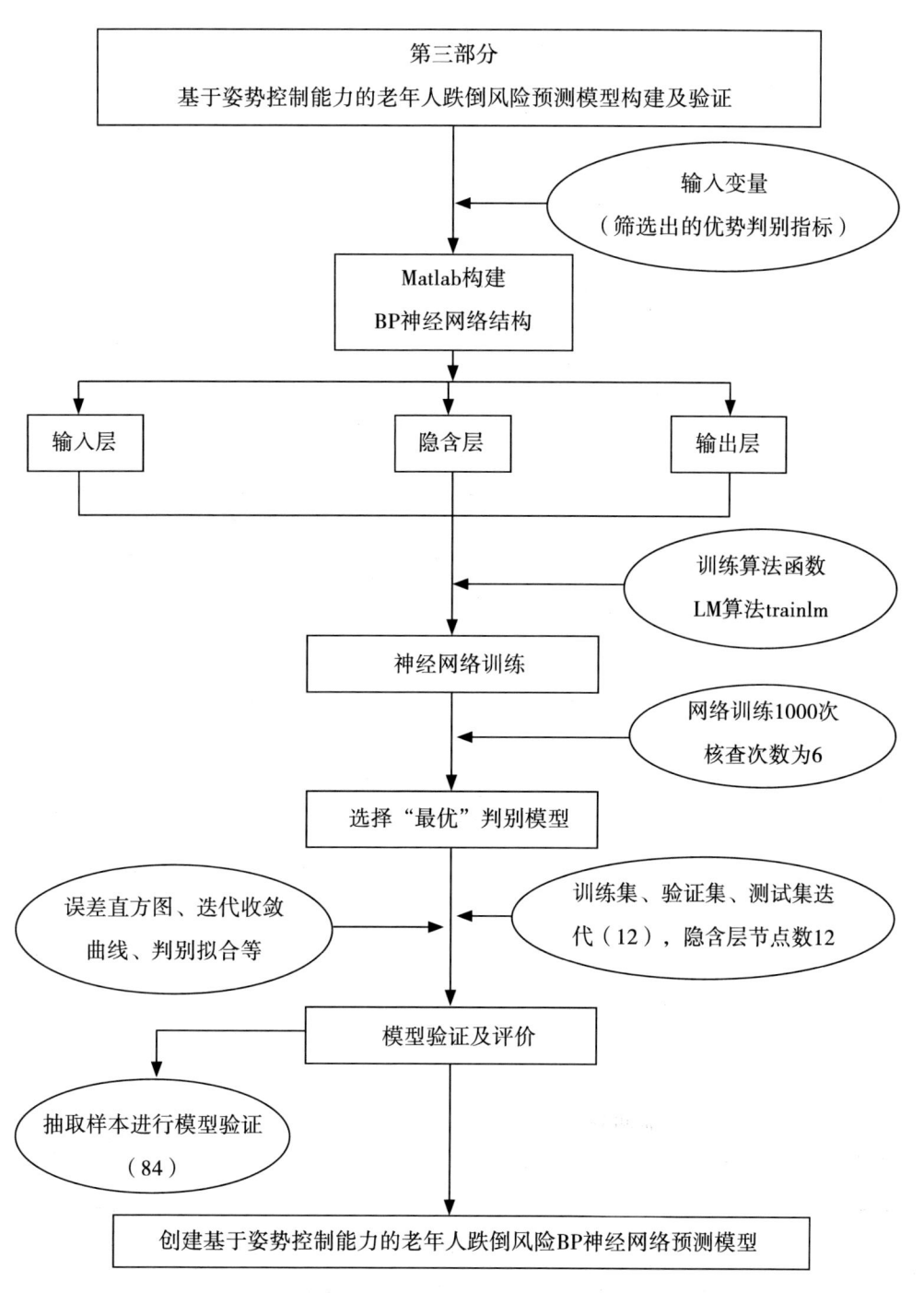

```
┌─────────────────────────────────────┐
│           第三部分                    │
│ 基于姿势控制能力的老年人跌倒风险预测模型构建及验证 │
└─────────────────────────────────────┘
                    ↓
              ╭─────────────╮
              │   输入变量    │
              │（筛选出的优势判别指标）│
              ╰─────────────╯
                    ↓
        ┌─────────────────┐
        │   Matlab构建      │
        │  BP神经网络结构    │
        └─────────────────┘
         ↓        ↓        ↓
    ┌────────┐┌────────┐┌────────┐
    │ 输入层 ││ 隐含层 ││ 输出层 │
    └────────┘└────────┘└────────┘
                    ↓
              ╭─────────────╮
              │  训练算法函数  │
              │ LM算法trainlm │
              ╰─────────────╯
                    ↓
           ┌───────────────┐
           │  神经网络训练   │
           └───────────────┘
                    ↓
              ╭─────────────╮
              │ 网络训练1000次 │
              │  核查次数为6   │
              ╰─────────────╯
                    ↓
           ┌───────────────┐
           │ 选择"最优"判别模型 │
           └───────────────┘
         ↓                  ↓
  ╭─────────────╮    ╭─────────────────╮
  │误差直方图、迭代收敛│    │训练集、验证集、测试集迭│
  │曲线、判别拟合等  │    │代（12），隐含层节点数12│
  ╰─────────────╯    ╰─────────────────╯
                    ↓
           ┌───────────────┐
           │  模型验证及评价  │
           └───────────────┘
                    ↓
           ╭───────────────╮
           │抽取样本进行模型验证│
           │     （84）      │
           ╰───────────────╯
                    ↓
  ┌─────────────────────────────────────┐
  │创建基于姿势控制能力的老年人跌倒风险BP神经网络预测模型│
  └─────────────────────────────────────┘
```

图1-3 技术路线（Ⅲ）

四、研究内容

（1）姿势控制理论及老年人跌倒研究进展。主要阐述课题研究的社会背景、选题依据、研究的目的和意义、理论基础及相关概念，国内外的研究进展、基本思路、技术路线以及主要内容构架等。

（2）老年人姿势控制能力相关测试方法优选。本部分主要是专家访谈、文献梳理初步建立构成要素及测试方法的备选框架，并利用专家问卷调查的方法对老年人姿势控制能力的构成要素及相关测试方法进行筛选，最终确定科学、合理、有效的实验测试方案。

（3）老年人跌倒相关姿势控制能力优势判别指标筛选。本部分利用优选的实验测试方法，通过测量姿势控制能力相关的运动功能、感觉功能、认知功能三个系统下的指标数据，以跌倒史为因变量，对所有姿势控制相关指标通过独立样本 t 检验、卡方检验、判别分析统计方法筛选跌倒相关的优势判别指标。

（4）基于姿势控制能力的老年人跌倒风险预测模型构建。通过Matlab数学工具软件，创建BP神经网络结构，对影响老年人跌倒相关的姿势控制优势判别指标进行网络训练与自学习，优化拟合获取老年跌倒风险最优预测模型并进行验证。

（5）基于老年人跌倒风险评估优势判别指标，制订老年人防跌倒的居家锻炼方案。

第二章 姿势控制理论及老年人跌倒研究进展

维持人体的姿势与平衡，是进行正常运动和功能活动的基础。姿势控制是个体与任务和环境之间相互作用的表现，控制身体在空间位置的能力体现了肌肉骨骼和神经系统间复杂的相互作用。尤其是对于老年群体，身体各项机能在逐渐衰退，姿势和平衡控制能力下降，跌倒风险增高，老年人的坐、站、行走这些基本的活动能力与姿势控制和平衡之间的关联性需要进一步探讨。

第一节 姿势控制理论及相关概念

一、相关概念及界定

1. 老年人（the Elderly）

老年人的真实含义是指由于其年代、年龄的增加而导致生理心理机能和活动能力的衰退，达到一定程度时就可以被认定为"老年人"。但由于缺乏多维度、多层次的界定标准和分类依据，纯粹生理表征的年龄界定更加模糊。因此，当前国际上对老年人的评定还是基于年龄来界定的。联合国卫生组织（WHO）关于老年人的界定标准有两个：一是≥60岁，这一标准主要适用于发展中国家；二是≥65岁，这一标准主要适用于发达国家。60岁的起点设定比65岁更能有效反映发展中国家的经济社会发展状况。时至今日，60岁的老年人年龄界定在我国还是普遍得到认可和广泛采用的标准。

本研究中受试者界定标准为年满60周岁及以上的老年人。

2. 姿势控制（Postural Control）

姿势控制（Postural Control）是指控制身体在空间的位置以达到稳定性和方向性的目的。姿势控制包括了姿势稳定性和姿势方向性两个主要神经肌肉控制过程。即控制质心（Centre of Mass，COM）与支撑面BOS（Base of Support）关系的能力和保持身体环节间、身体与动作任务环境间适当关系的能力。姿势的方向性则是利用前庭、本体和视觉等多种感觉参照系统调控身体环节与任务环境目标的关系。库珀斯等人认为姿势控制是基于动作支持的身体控制，例如，人体站立采摘是以足为支撑基础的保证手部动作的行为；也有人认为姿势就是人体对抗外力或者其他环节施力来控制某些环节的运动方向。近些年，霍雷克等人将姿势控制定义为控制身体保持平衡，并在环境中保持特定的身体方位，也表示身体的空间位置达到稳定性和方向性的目的。梅森对此解释更加详细，认为姿势控制是人体保持身体平衡或对外界干扰的骨骼肌肉反应，是人体感觉和运动系统与外界环境之间复杂的相互作用过程，是对一定环境中机体方位改变的反应控制和保持身体重心在一定支持面之内的活动。

本研究中姿势控制的范畴主要是围绕老年人坐、立、行走、转身等日常生活中常见的基本动作姿势控制能力评定。

3. 跌倒（Falls）

1987年Kellogg国际老年人跌倒预防工作组将跌倒定义为：无意图摔倒在地上或一些更低的平面上，但不包括暴力、意识丧失、偏瘫或癫痫发作所致的跌倒。1992年国际卫生组织颁布的《国际疾病分类（第10版）》（ICD10）中跌倒倾向（编码为R29.600）：包括年老或者其他不明健康问题引起的跌倒倾向，不包括意外（X59）、行走困难（R26.2）、头昏和眩晕（R42）、跌倒所致外伤（W00-W19）、晕厥和虚脱（R55）以及其他疾病所致的跌倒。按照ICD-10将跌倒分为两类：第一，从一个平面至另一个平面的跌落；第二，同一平面的跌倒。老年人跌倒绝大多数属于第二类。

本研究中跌倒界定为身体非故意地跌倒在地面、地板等较低水平支撑面上，但意外冲撞或较大障碍物绊倒或严重光滑接触面下的跌倒或急性疾病发作导致的跌倒排除在外。

4. 跌倒风险评估（Falls Risk Assessment）

风险（risk），最早源于意大利语中的"Risicare"。《牛津英语大词典》中风险的释义是："危险；暴露于损失、伤害或其他许多情况的可能性。"；《汉语大词典》中对风险的解释是："可能发生的危险"。风险评估是风险管理领域的一个重要术语，是指包括风险识别、风险分析和风险评价的全过程。

跌倒风险评估是指对跌倒事件发生可能性的识别、分析和预测的全过程。

二、姿势控制理论

1. 姿势控制的参与系统

姿势控制系统是多种身体功能系统相互作用的表现。它体现了肌肉骨骼和神经系统之间复杂的内在联系，姿势控制系统的主要功能是调控肢体各环节的力学关系以达到控制身体在空间位置的稳定性和方向性的目的。按照参与系统的功能，姿势控制系统可包括运动功能、感觉功能和认知功能三个方面（图2-1）。

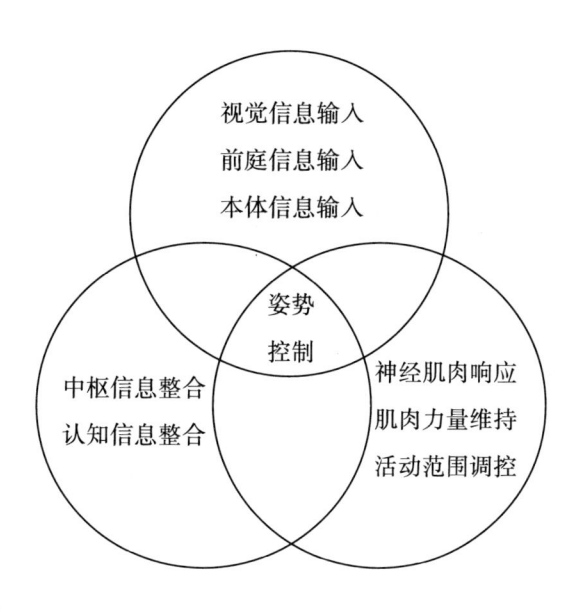

图2-1 姿势控制系统组成示意图

（1）运动功能系统。主要由神经肌肉控制系统的高级神经中枢、脊髓神经中枢及肌肉运动系统三部分组成。具体包括人体的骨骼、关节、肌肉、韧带等运动器系以及传递神经冲动和指令信号的运动皮层、脊髓、小脑、基底节等神经递质。神经冲动的传递速度、指令信号的传递效率及肌肉的响应能力对姿势控制有较大影响。在过去的一个世纪中有三个运动控制的经典理论：反射理论、层次理论和动力系统理论。反射理论认为个体是一个外部刺激引起的感觉输入的被动接受者，皮肤、肌肉和关节中的感受器受到刺激而激发了运动系统的反应。此理论虽然直观解释了运动是如何被控制的，但它的弱点在解释多样化的运动时略显不足，并且缺乏感觉反馈时不能准确判断运动进行和完成状态。层次理论认为运动计划和执行是由一个或多个大脑皮层中枢专门负责的，当高级中枢的行为信息传递到较低一级中枢时并没有其他的相互信息交流。但此观点受到一些学者质疑，认为层次内不同水平之间是允许信息传递的。动力系统理论是目前被普遍认可的运动控制理论。首先，它强调了运动计划、运动执行与环境三者之间的交互作用；其次，强调了脊髓和肌肉系统的交互作用；最后，低级的控制中枢表现了更大的作用，强调自动姿势调节机制。总之，人的动作在特定的环境里被描述为行为或活动，运动功能能力表现为对行为活动的控制能力，这些行为活动是以大量的肌肉和关节为特征的，运动信息的输出是从神经系统到人体的肌肉效应系统，在协调地执行功能性的动作时，必须对其进行全部控制。

（2）感觉功能系统。主要由视觉、听觉、触觉、前庭觉和本体感觉等系统组成，机体内、外环境的各种刺激作用于相应的感受器，感受器是分布于体表或组织内部专门感受机体内、外环境变化的结构或装置。感受器把来自躯干、四肢和一些内脏器官的各种感受器不同形式的刺激转化为动作电位，经初级传入纤维由后根进入脊髓后，沿特定的上行传导途径丘脑，然后再到达大脑皮层，整合后经传出神经将调控信息反馈给效应器——骨骼肌，通过相应环节的肌肉收缩与舒张实现对预定姿势的控制。感知觉信号综合处理的速度与中枢神经系统功能有关，在完成动态的姿势控制活动中，神经系统首先对传入的视觉、听觉、前庭觉以及本体觉等感觉信息和储存信息作比较，大脑才能做出姿势控制的预计动作程序指令，感觉信息不仅能为人体姿势控制动作预计提供参考框架，还能为人体进行动作纠正提供实时的信息反馈。

（3）认知功能系统。认知广义的定义为处理、分类、记忆和加工信息的能力。姿势控制是大脑全面信息处理系统的一部分，与认知过程（尤其是空间记忆）相互影响。大脑在姿势扰动发生前执行空间记忆任务，任务中的空间注意力和运动的空间位置是通过额叶前部皮质空间编码（眼部运动）形成的，其基本特征是顶叶和前额叶外侧的协同作用。记忆力是大脑信息产生、储存和提取的能力。注意力是指精神集中在特定的刺激上而不被外界干扰的能力。多数研究者都使用"知识基础"这个术语来描述长时间记忆中所存储的信息内容及工作记忆与长时记忆之间的存储、搜索、激活和提取的相互作用。老年人注意力和记忆力会随着年龄增长而下降。认知负荷理论认为认知任务和姿势任务同时执行时，需要更多的认知资源，若超出认知总负荷，姿势稳定性就会下降。跨界竞争模型在认知负荷理论的基础上进一步解释了注意力对双重任务分配的影响。注意力是有限的，在执行双重任务时姿势任务和认知活动竞争注意力资源，使姿势的稳定性改变和（或）认知活动的表现退化。执行姿势控制任务时认知能力会下降，并且难度越高的姿势控制动作，认知参与成分越大。老年人由于肌力流失和感觉功能衰退，同时指向两种或两种以上的注意分配能力下降，动作控制时需要额外的认知资源弥补注意需求的增加，老年人需要依赖前额叶皮质的认知辅助，但随着年龄的增长前额叶皮质最先开始衰老，这将会影响老年人姿势控制中的注意力分配，随着年龄的增长老年人的认知功能减退，动作姿势控制能力会受到较大的影响。

2. 姿势控制的调整策略

高级神经中枢对姿势的控制包括预期姿势调整（Antici-patory Postural Adjustments，APAs）和补偿性姿势调整（Com-pensatory Postural Adjustments，CPAs）两种模式。APAs是一种前馈控制模式，指在干扰可预期的前提下，中枢神经系统提前预测了可能产生的身体移动而对效应器提前发出指令，使姿势肌肉先于原发动肌（focal muscle）50~100ms开始活动，以减小干扰的负面影响。CPAs属于反馈调节模式，即在干扰开始后，原发动肌和姿势肌依据外界干扰引起的感觉反馈（视觉、前庭觉、本体感觉）产生的姿势控制。

姿势策略是平衡扰动引起的肌肉激活、关节扭矩、关节旋转或肢体运动的特定模式。这些机体反应用于防止身体重心下降，并且重新建立姿势平衡的状态。姿势策略选择和调制取决于：①外界扰动的特征（包括时间、方向、幅度及可预测性）；②个体的中心集（central set）（干扰、觉醒、注意、期望、先前经验）；③活动的持续性（认知或运动）；④环境约束（支撑反作用力和肢体环节内力）。人体站立状态可以被模拟为多连杆倒立钟摆的力学模型（图2-2），其中每个连杆对应身体特定部位（例如：脚、大腿、躯干）。静态姿势平衡需要控制连杆的质量中心（Center of Mass，COM）位于支撑面（Base of Support，BOS）范围之上。COM是一个点，可以在全局坐标系内集中等效全部身体质量。正常站立时，人体的质心通常位于第二骶椎附近。然而，由于重力的存在，连杆本身是不稳定的，与模型相比，人体运动中与环境发生相互作用时，还会产生额外的不稳定力矩。BOS通常由脚的支撑位置限定，但是当手触及或抓握用于支撑的物体时，BOS也可包括手臂的限定。在没有手臂支撑的情况下，静态平衡需要将COM定位在脚上，并且，支撑该足部区域的周边可以被认为与BOS相关联的静态稳定性的极限边界相对应。动态平衡考虑了运动控制与COM移动相关的动量附加要求。如果COM以足够的水平速度移动，则即使当COM位于BOS范围内，身体也可能处于动态不稳定状态。然而，即使COM位于BOS的静态稳定性极限范围之外，假如COM以足够的速度朝向BOS的极限边界移动，使得它最终可以重新定位在BOS范围内，也可以保持身体的动态稳定。

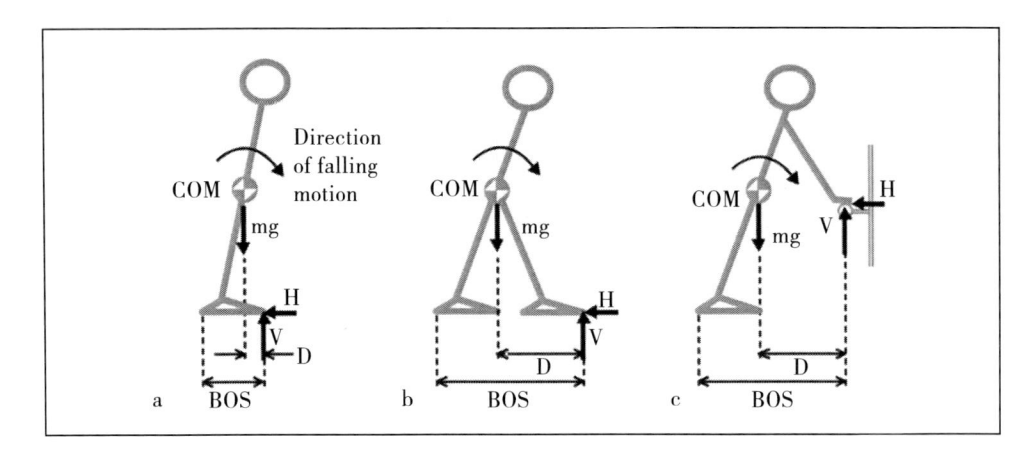

图2-2　姿势控制策略受力分析图

姿势控制策略可以通过它们的功能目标来定义，并且基于身体运动学（环节运动学特征）或身体动力学（环节受力特征）来描述。有两种姿势控制策略可用于解释在站立时受到扰动后如何恢复平衡：一是固定支撑策略。即在足部支撑面上的质量中心（COM）返回策略；二是改变支撑策略。即通过改变支撑面来调整质量中心（COM）位置的迈步或抓握策略。具体可归结为踝策略、髋策略、迈步策略、触及抓握策略四种情况（图2-3）。

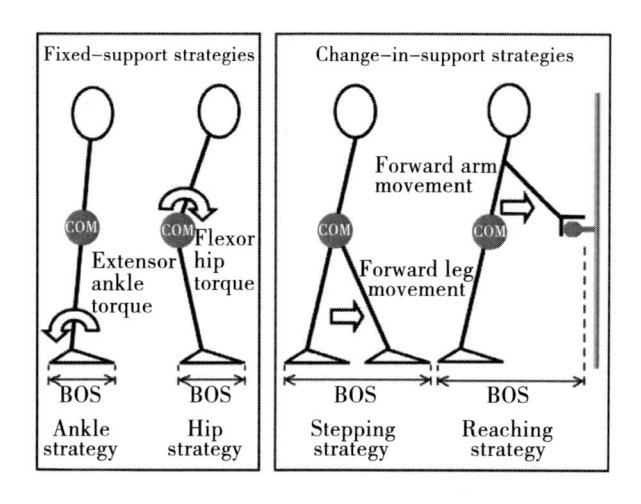

图2-3 姿势控制策略模型图

在固定支撑策略中，主要包括踝策略和髋策略。由于姿势扰动引起COM的晃动，支撑脚所在的大小腿、躯干以及上肢环节将以支撑脚为支点产生一个肌肉扭转力矩，支撑脚与地面接触会产生一个反向的剪切力（H），致使COM减速或停止继续水平运动，但此时由于剪切力的力臂（D）非常小，所以产生对抗COM继续运动的剪切力矩非常有限（见图2-2）。但控制踝关节的趾长屈肌、伸肌、腓肠肌、小腿三头肌等肌群的激活潜伏期较短，约为80~140ms，基本上是抵抗姿势扰动的第一道防线。因此，踝策略是站立在固定支撑面上身体重心有微小晃动时，维持身体平衡的主要姿势调节方式。但从生物力学的角度，人体站立时会有冗余的自由度，这意味着在各关节处可能有许多不同的肌肉力矩组合，其可用于在对给定姿势扰动做出响应时重新建立姿势平衡。人体会通过神经中枢系统调控各关节的力矩加权组合来处理这种冗余。在髋关节策略中，主要的稳定动作由髋关节主动相关肌群产生髋力矩。与踝策略相比，髋策略的特征在于大腿和躯干前后对侧肌肉的激活，即响应于向后下降运动的背部肌肉和向前下降运动的腹部肌肉。踝部肌肉有相对较少的肌群激活，但当姿势的扰动足够大时，导致踝部产生的肌力矩已不能与COM的移动相抗衡，单独使用踝策略已不能维持平衡，此时必须由髋策略产生更大剪切力作为稳定力矩，使COM速度下降。踝部策略在较小的扰动水平上占主导，而髋策略的参与程度随着对COM控制难度的增大而增加。这些"混合策略"反应最初被认为是踝关节和髋关节策略的加权组合。其实，在日常身体活动中观察到的"纯"髋关节策略很少（除非实验中为了体现髋策略的作用，故意采取缩短在支撑面的站立时间以限制踝策略）。这表明一个连续的姿势反应中，踝策略和髋策略不是独立运行的，而是产生一定的髋关节力矩添加到踝策略中作为混合策略完成姿势控制过程。

在改变支撑策略中，通常是当身体姿势扰动超过了踝和髋策略对COM的控制，为了不失去平衡，往往会被迫的采取补偿性姿势调整（CPAs）来改变支撑面，主要包括迈步策略和触及抓握策略（见图2-3）。其实，支撑面的稳定极限也不是一个固定的边界，而是根据任务、个体的力量、ROM、COM等特点以及环境的改变等方面而发生变化（图2-4），任何对稳定的理解必须包括当时COM的位置和速度这两个变量之间的相互作用，这也是决定个体是需要在支撑面内保持平衡还是通过迈步来重获稳定性的关键。图2-4中的COM变化的轨迹线表明，当COM的位置变化没有超出支撑面的稳定界限且COM的速度又足够低的情况下是完全可以通过踝和髋策略在固定支撑面下保持平衡；如果扰动致使COM的分布和速度很大且超出了稳定界限，必须采取迈步或触及抓握重获稳定；但也有COM的分布处于BOS内，但由于扰动致使COM运动速度太大，仍然需要迈步调节稳定性，如图2-4中第3条虚线所示。

在改变支撑反应中，BOS会随着快速迈步或肢体触及抓握支撑运动而发生变化。支撑面（BOS）的增加会导致：① 在不失去平衡的情况下，允许扰动所产生的COM活动范围加大；② 对COM减速的作用时间加长（由脚和手所产生的"环境反应"力所致）；③ 使COM减速的"环境反应"力会更大（主要是增大了新触及点相对重心的力臂D），从而产生更大的抵抗力矩（见图2-2）。相对于固定支撑面的姿势控制，改变支撑面的迈步或触及抓握策略有更好的生物力学优点，因为身体可以被新触及的物体所锚定，只要能够保持足够强的抓握力，BOS变化反应可以给身体提供更大程度的稳定性，并且这也是抗拒更大姿势扰动的唯一途径。

这种由于支撑面改变而产生代偿性的迈步或触及抓握动作与有意识地去完成相同动作时的神经控制基础有些不同。首先，代偿性的姿势调控动作要

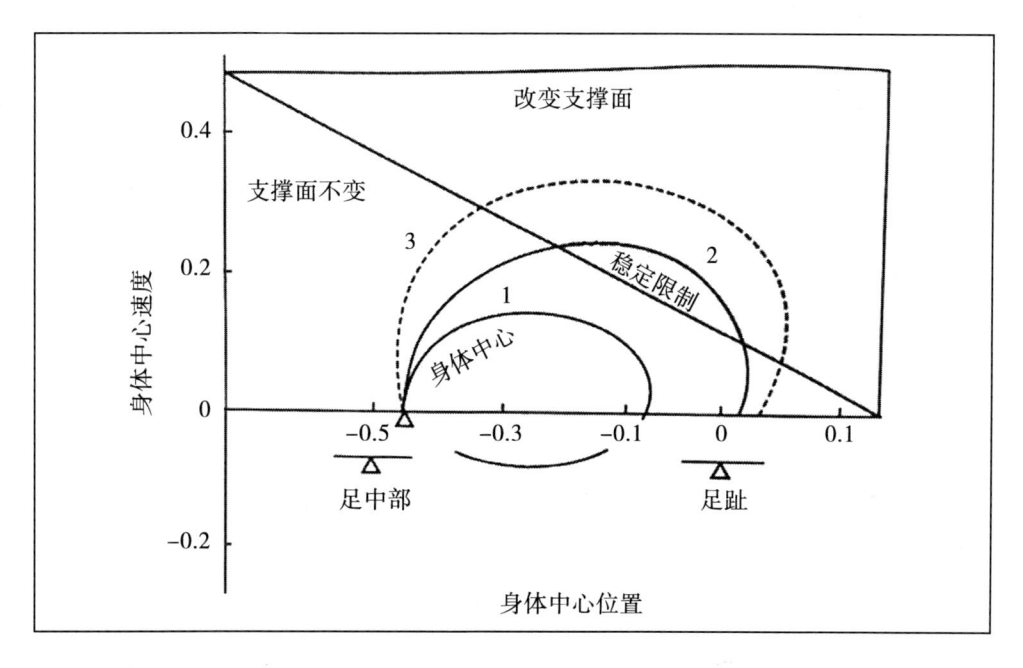

图2-4　身体COM活动范围与扰动的关系

快的多。比如，完成一个代偿性地迈步动作通常需要500ms，其用时仅为按照视觉指令尽快完成迈步所用时间的一半。同样地，代偿性触及抓握速度要比有意去完成抓握动作要快得多。例如，在扰动开始之后，代偿性手臂活动肌肉激发的潜伏期是80～140ms，而最快的有意图的手臂运动（简单反应时测试）肌肉激活潜伏期也要150～200ms。另一个基本的区别则是补偿性地迈步和正常行走地迈步在摆动腿抬起之前是否存在预期姿势调节（APAs）有意图地迈步或摆腿总是先于预期姿势控制进行启动，目的是可以把身体COM推移到支撑腿，从而减少接下来的连续运动中COM在非支撑侧的下降趋势。在代偿性迈步反应中APAs在通常情况下要么是不存在要么是被缩短，这样可以让迈步动作更快完成，然而，它的后果是导致侧向的COM移动增大，但这要求在摆动脚着地前对其进行控制，而通常（在健康的年轻人中）前后姿势扰动唤起的主要是向前或向后的单个迈步调整，而其他方向的姿势扰动引起更多种类的迈步模式。如果扰动属于身体中间位置，则扰动诱发的COM运动将引起一侧腿的负荷增加，同时另一侧腿的负荷减少。通常，当外界扰动不可预测时，非重心承载腿优先用于执行迈步反应，这样减少了摆动腿的卸载时间，非常有利于摆动腿的快速抬起。

总之，由于人体解剖结构类似于多刚体模型结构，各环节间的力学关系交互关联，导致其运动控制系统异常复杂，在完成各种动作形式的姿势调控策略中，很少是由单一策略来实现的，需要多个策略的协同配合才能完成对人体各种动作姿势的稳定控制。

第二节　老年人跌倒研究进展

一、老年人跌倒风险研究现状

（一）跌倒因素

跌倒容易导致老年人受伤、行动受限、抑郁孤独甚至引起死亡。努胡等人研究表明，65岁以上的老年人中每年约有1/3至少发生1次跌倒，中国老年人跌倒率为31%，日本老年人的跌倒率为20%，智利的圣地亚哥老年人跌倒率达34%。而在80岁以上的老年人中跌倒率则增加至50%。高茂龙等人通过对中国老年人跌倒的相关文献利用随机效应模型进行meta分析，得出老年人跌倒发生率的合并值是18.3%（95%CI：15.7%~20.8%），研究结果与以往学者相比明显偏低。蒂内蒂等人通过对336名75岁以上的社区老年人进行为期一年的详细跟踪调查，发现有108名（32%）受试者至少发生了一次跌倒，有24%的跌倒者受到严重伤害，有6%的跌倒者发生了骨折。尽管跌倒是老年人群中非常普遍的现象，并且也只有约1/5的跌倒者需要去看医生，但却有10%导致骨折。跌倒造成老年人髋部的骨折是最常见也是最严重的一种损伤。哈利姆等人研究表明，髋关节骨折通常会导致老年人运动功能下降和自理能力丧失，并且会在受伤一年后并发性引发22%~29%的死亡率。因此，对老年人进行跌倒风险评估和干预至关重要。意外伤害事故中跌倒造成的伤害比例非常高，桑帕利斯等人通过对外伤急诊室以往5000名65岁以上急救患者进行回顾性的统计分析发现，跌倒造成的患者死亡率为25.3%，远高于7.8%的交通事故碰撞死亡率。

跌倒是老年人生活中普遍存在的现象，但造成跌倒的因素是多方面的，仅有很小的跌倒比率是由单一因素引起的，老年人的跌倒原因复杂交错，这也是引发当前老年人"跌倒综合征"的主要根源。因此，从病因学和流行病学研究中发现了许多跌倒的危险因素，概括起来至少包括两大类：内部因素（即源于自身内部因素引起的，主要包括腿部力量虚弱、平衡障碍、视觉缺陷、认知能力低下等）和外部因素（即身体以外的因素引起的，如外界环境、服用药物、事件发生场景等）。刘丽萍等人研究指出，老年人护理的环境设计对老年人跌倒防护有重要影响，提出应从环境照明、地板防滑、室内物品及家具摆设位置、卫生间洗浴防护措施以及公共活动空间指示牌等方面进行安全措施处置，对老年人跌倒的预防有重要意义。一些常见的疾病也是导致跌倒的重要影响因素，主要表现在中枢神经方面的疾病，如痴呆、帕金森综合征、脑卒中等与步态异常有关。糖尿病和维生素缺乏症等会导致老年人本体感觉、触觉和振动觉减退，容易增加跌倒的风险；心血管系统方面的疾病，如高血压、冠心病、体位性低血压等会导致头晕或运动感觉障碍，极易导致跌倒；骨骼肌系统的疾病，如骨折、骨质疏松、关节炎、脊椎病以及肌无力等，会造成姿势控制困难，肢体协调性降低，增大跌倒风险。

除此之外，心理因素也是老年人跌倒不可忽视的影响因素之一，一次不严重的跌倒事件也会对老年人造成心理上的影响，害怕跌倒更有可能使有过跌倒经历的老年人再次跌倒。拉赫对社区老年人调查研究表明，有26%~55%的老年人经受在跌倒的恐惧中。害怕跌倒会导致依赖性增加，失去对个人行动能力的自信心，过于强调自我安全感，导致活动减少，日常生活活动（Activities of Daily Living，ADL）能力下降，还会引发孤独感、无助感以及抑郁等情绪，导致生活质量下降。

目前虽然对影响老年人跌倒的关键因素相关研究较多，但就跌倒优势判别因素的研究结果而言，存在不同的观点。多数研究集中在对文献进行meta分析，但不同学者研究的结果也不尽相同。卡瓦尼利亚斯等人通过对影响老年人跌倒的内在因素和外在因素的mata分析中得出，影响跌倒的外在因素表现为跌倒史、口服神经松弛剂或支气管治疗剂或抗抑郁药物。影响跌倒的内在因素表现为年龄、糖尿病、老年痴呆症（AD）、步态和平衡能力的改变。蒂内蒂等人通过系统的文献研究认为影响老年人跌倒的主要因素包括：跌倒史、肌肉力量下降、步态和平衡能力受损以及服用特别的药物。鲁宾斯坦等人发表的老年人跌倒预防指南中概括了11个跌倒危险因素：肌力减退、跌倒史、步行成分缺失、平衡丧失、使用辅助器具、视野缺损、关节炎、ADLs减弱、抑郁、认知障碍以及高龄（80岁以上）。有些跌倒因素，比如年龄和性别是无法更改的，但年龄增加是导致身体生理功能退行性变化的主要因素，这些生理性变化表现在步速和步长的降低以及肌肉力量的减退，导致步态和平衡能力的改变。李世明等人研究表明，影响跌倒的主要因素有两种：稳度为负和支撑不力。最常见的影响跌倒的内在风险因素（与个体身体功能相关）分别为：肌肉无力（$OR=4.4$）、平衡能力不足（$OR=2.9$）和步态失稳（$OR=2.9$）。这些内在的危险因素可以通过功能性干预锻炼来改变。在预防跌倒的研究中进行适应性练习可显著地提高滑前稳度和滑后稳度，分别体现了前馈控制和反馈控制对人体动态稳定性的神经生理影响。

从老年人行动中能够明显观察到老年人姿势控制能力的减弱，如行走伸髋动作不充分、身体摆动增加、行走迟缓、步长减小、行走不连贯、脚不能抬到一个合适的高度、协调能力减弱及动作精确性下降等。另外，老年人中枢神经控制能力较弱，视觉、听觉、触觉、本体觉以及前庭觉等感觉功能降低，记忆和注意等认知功能衰退，使反应能力下降、反应时间延长，平衡能力、协同运动能力下降。这些现象影响到老年人日常活动的动作功能，增加了跌倒的风险。由于平衡和步态损害与跌倒有密切关系，对老年人进行平衡和步态评测可以有效预防老年人的跌倒风险。据统计有15%~20%的社区老年人有平衡和步态障碍问题。罗杰斯等人研究指出老年人的某些身体参数与跌倒风险有着密切的关系。比如，姿势稳定性降低，动态平衡能力下降，步态紊乱，力量不足，从椅子由坐到站起困难，还有其他一些损伤等。这些参数可以通过静、动态平衡测试，不同站立保持，姿势摇摆测试，功能性伸展测试，行走和移动速度测试等获得，从而评估老年人跌倒风险。

（二）跌倒评估方法

目前，跌倒评估的方法多数倾向于由"疾病导向（disease oriented）"的跌倒姿势控制病因学研究向"功能导向（performance oriented）"的身体姿势控制能力的综合性研究转变。第一类对跌倒风险的评估方法主要是集中在使用量表评估和利用仪器设备进行平衡、步态等实验室测试评估。美国宾夕法尼亚大学研制的Morse跌倒量表（Morse Fall Scale，MFS）（莫尔斯，1989）有6个测试条目：跌倒史、其他疾病诊断、使用行走辅助用具、静脉输液或使用肝素钠、步态、认知状态。每个条目评分范围为0~25分，总分为125分，评分越高预示跌倒风险越大。基姆等人研究表明利用Mores跌倒量表诊断界值为50分时，其灵敏度为78.9%，特异度为55.8%。另外，类似跌倒相关的评估量表非常多，赵利群等人通过文献汇总了目前国际上使用频率较高的量表，主要包括：跌倒危险评估表（Falls Risk Assessment Tool，FRAT）（麦卡沃伊等人，1996）；社区老年人跌倒危险评估工具（Falls Risk for Older People in the Community Screening Tool，FROPCOM）（罗素等人，2008）；托马斯跌倒风险评估工具（St Thomas's Risk Assessment Tool，STRATIFY）（奥利弗等人，1997）等。另外还有一些有关跌倒心理相关的评估量表，如：跌倒效能量表（Falls Efficacy Scale，FES）（蒂内蒂等人，1990）；跌倒恐惧量表（Fear of Falling Scale，FOFS）；特异性活动平衡自信量表（Activities-specific Balance Confidence Scale，ABC）（鲍威尔等人，1995）等。

第二类是通过测试老年人平衡能力和步态等移动能力来评估跌倒风险的一些方法：一是利用简单的器材进行测评，如坐立行走计时（Timed up and Go，TUG）（马蒂亚斯等人，1986），是一种快速筛查影响老年人日常移动能力及平衡问题的工具。让受试者从椅子上站起来，向前行走3米，转身，然后回来坐下，根据5个等级进行评分。后来，波西亚德洛等人（1991）对TUG进行了改良，在原来测试的基础上加入了计时成份，一般平衡能力和活动正常的老年人在10秒钟之内可以完成测试。近年来库克·舒姆韦等人（2000）又在TUG测试中添加了一项任务，通过双重式的测试来检测认知能力对姿势控制和平衡移动性的影响，即TUGDT；伸展测试包括了功能性伸展测试和多方向性伸展测试两种：功能性伸展测试（Functional Reach，FR）（邓肯等人，1990）是快速筛查老年人平衡问题和跌倒危险的测试方法，受试者站立且保持双脚固定不动，在保持平衡的情况下上肢尽力向前伸展，丈量伸够远度。该方法对无神经性功能缺失的老年人跌倒风险预测有较高的优势判别性。多方向伸展测试（Multi-Directional Reach Test，MDRT）（牛顿，2001），与FR不同的是MDRT除了可以测量前后方向而且还可测量左右侧向的稳定性限制。定向移动表现测试（Performance-oriented-oriented Assessment of Mobility，POMA）（蒂内蒂，1986）是一种筛查老年人平衡和移动能力、判断跌倒危险的测试方法，采用3分制（0，1，2）对受试者的表现进行评分，最高分为28分，该方法主要针对无神经性疾病的老年人跌倒预测。Berg 平衡量表（The Berg Balance Scale，BBS）（伯格，1993）包括14个测试项目，采用0~4分制计分，满分56分，该方法具有较好的重测信度和组间信度，Berg评分在56~54分范围时，每下降1分，跌倒概率增加3%~4%，但在54~46分范围内，每降低1分，则跌倒概率增加8%，评分在36分以下者跌倒风险几乎高达100%。但该方法对于不同跌倒因素导致的跌倒风险判断存在一定局限性，Rose在应用BBT测试过程中发现存在"平台效应"。短时身体表现测试（Short Physical Performance Battery，SPPB）（古拉尔尼克等人，1994）普遍用于评价老年人下肢功能，它包括了力量、平衡和移动的成份，SPPB得分下降是老年人身体功能下降的强力预测因素。

二是利用一些运动生物力学的仪器设备进行详细量化研究。如应用影像分析系统进行平衡和步态的运动学分析，利用测力台及足底压力分布系统测量移动中足部与地面接触力的分布情况以及COP的移动情况，通过不同部位的肌电EMG测量，研究平衡与步态姿势控制中的肌肉激活情况，近几年随着传感技术和可穿戴技术的发展，一些先进的可穿戴三维加速度测量仪器广泛应用于人体姿势控制动作的信息采集中，为广泛开展老年人跌倒的相关研究提供了便利。由于老年人跌倒的姿势控制因素非常复杂，因此对老年人跌倒因素及风险预测的精确研究是非常必要的，并且国内在该领域通过实验测试的精确量化研究也是一个薄弱环节。利用先进的实验设备进行跌倒的相关测试研究，虽然从实验操作角度相对比较复杂，但它最大的优点是能够多指标、多维度地系统获取人体在完成动作控制过程中的详细运动信息，能够深入挖掘在平衡和步态等姿势控制中的优势判别信息，为老年人跌倒风险的科学预测提供数据支持。哈恩等人采用Expert Vision System（6个摄像头的Motion Analysis）运动录像分析系统、Motion Lab System肌电测量系统对19个健康老年人和10个平衡障碍的老年人进行实验测试，采集腿部相关肌肉的EMG振幅，步态的时空特征参数，主要包括：步长、步速、步宽、支撑时间、跨步时间等，并且通过运算获取了COM的峰值速度和左右侧的位移等指标。将这些动态平衡能力指标作为输入变量，利用神经网络模型获得了一个预测模型，其输入步态时空参数分类变量的受试者工作特征曲线ROC值为0.890，说明具有较为理想的预测效果。但由于此研究输入变量的参数有一定局限性和研究样本较少，所以研究结论有待进一步证实。李等人对老年人上下楼梯进行了运动学和动力学的测试研究。将4块测力台（Advanced Mechanical Technologies, Inc., Watertown, MA）镶嵌在两层木质实验楼梯和下楼梯后的地面上，同时采用8个摄像头的运动录像分析系统（Motion Analysis Corporation, Santa Rosa, CA），将29个反光Marker粘贴在受试者肢体各个环节，进行人体运动学参数的采集，共测试了12名健康老年人和13名年轻人，通过分析步态的空间运动学参数和COP-COM倾斜角度之间的关联，结果表明：老年人在从楼梯到地面转换过程中COP-COM的内倾角度明显大于年轻人，说明在下楼梯的过程中为了调控身体的摇摆而产生了一种退让性的姿势改变，这可能是跌倒风险增大的一个潜在因素。

（三）跌倒干预措施

许多研究证实，影响跌倒的内在因素中肌力下降、平衡能力减弱和步态不稳等因素是可以通过针对性的运动干预进行改善的，但其前提是保证运动干预措施实施手段合理、计划严密、干预持续。平衡能力在姿势控制和避免跌倒方面起到关键作用。随着年龄增长会造成神经中枢系统和神经肌肉功能下降，导致平衡和步态功能的改变，库克·舒姆韦等人提出平衡过程可分为静态和动态动作控制，比如，在坐、立、行走中保持稳定的姿势；在维持平衡过程中还存在前摄运动（如，对预期扰动的反应）和补偿运动（如，对突发扰动的应激反应）。但穆尔鲍尔等人对健康老年人的研究表明，姿势稳定和前摄运动、补偿运动之间没有显著的相关性。因此在进行平衡测试和练习时需要针对不同的目标来进行，可以考虑用双任务或多任务的状态下进行平衡能力的训练与干预，因为日常活动中经常是处于一种多任务的状态下对身体姿势的控制（如，在下楼的过程中用手机通话），况且特殊的平衡训练可以帮助老年人抵抗平衡不足和步态失稳，从而降低老年人的跌倒风险。

除了平衡能力，保持机体的肌肉力量和肌肉的爆发力是保证良好日常生活能力的基础。引起老年人肌力流失的原因是多方面的，比如细胞方面、神经方面、代谢方面和激素方面等诸多因素。EWG推荐利用步行速度（≤80 cm/s）、握力和肌肉量的来评价肌力流失。与年轻人相比，80岁的老年人骨骼肌的量会流失20%~30%。里德等人研究表明，老年人肌肉流失主要表现在Ⅱ型肌纤维的变细且数量减少，从而导致整个肌肉的爆发性力量急剧下降。这对于姿势控制是非常不利的，因为爆发力是应对突然性的外界干扰而做出姿势反应的一个重要的先决条件。老年人遇到外部扰动的情况下经常使用髋策略或迈步策略，由于肌肉爆发性力量的下降，会延迟应对这种外界干扰的姿势调控，进而可能会失去平衡或导致跌倒。

  基于对跌倒因素的评估，制订针对性的平衡和抗阻训练计划可以有效提升肌肉力量、爆发力和平衡能力，可以提升潜在的抗跌倒能力。可以通过综合性训练提升稳定性、前摄运动和补偿运动的控制能力。例如，可以通过足跟—足尖接触连续行走、双足前后直线支撑站立、单足站立等减少支撑面的方式来提升对平衡的控制能力，通过改变感觉信息输入（如，睁眼、闭眼、站立的支撑面稳定、不稳定等）来提升前馈和补偿运动控制能力，通过抗阻练习可以提升下肢和躯干的肌肉力量。莫里森等人对Ⅱ型糖尿病人进行12周，每周3次的有氧练习，尽管跌倒风险没有显著下降，但在步态、手脚反应时间以及平衡方面有所改善，提示不同强度的有氧运动对提升Ⅱ型糖尿病人的姿势控制能力是非常有益的。达夫娜等人对5681名澳大利亚大于65岁的老年人进行了有关跌倒预防的电话调查活动，调查响应率达到61%，主要涉及平衡和力量有关的日常体育活动，如太极拳、舞蹈、保龄球、团队合作运动等，结果显示只有12%的人参与力量训练，6%参与平衡训练，21.8%参与平衡挑战活动，参与度较低的群体主要分布在低学历、居住区域不利，参与者具有过度肥胖、运动信心差、行走障碍等问题，或近年有跌倒史等。从而得出结论，参与预防跌倒运动的人数比例较低，非常有必要制定基于社区高风险跌倒人群的跌倒预防运动策略。厄尔巴尔等人采用一种水中平衡练习WEP（The water-based exercise）运动策略来干预老年人自主行走的速度，自主行走速度被认为是预防老年人跌倒的一项重要技能，抽取36名老年人（年龄64~88岁）进行为期12周的WEP练习，结果显示，在步行时间上有显著影响，提升了步行开始及摆动的时间，同时也提高了睁眼、闭眼站立中的姿态控制的平衡能力，从而降低了自主行走的时间，WEP练习可以提升站立位人体平衡的控制能力。段峰对60名老年人采用徒手操、橡皮筋运动、骨盆运动、踏板运动等项目干预6个月，运动后即刻检测起立行走计时、站立前伸和10m最大步行速度三项指标，实验组和对照组都显著提高，但1年后的跟踪测试，平衡能力指标有所下降，运动能力改善效果几乎没有，说明该老年群体的自主锻炼意识还没有形成，若想不断提高老年人的运动能力，必须选择一种适合老年群体的运动方案，让他们真正喜欢这种运动，形成一种具有吸引力运动干预方式，才真正能够起到促进或保持运动能力的效果。邓菲菲等人对运动锻炼与多因素评估及干预对老年人预防跌倒效果进行Meta分析，运动锻炼主要能提高老年人抗跌倒的动态平衡能力、协调能力及肌肉力量等。常见预防老年人跌倒运动锻炼方法有抗阻力练习、增强肌力练习、平衡协调能力练习、太极拳和散步等。惠普尔对25项随机和非随机对照实验研究的Meta分析后提出预防跌倒的"5Vs"练习方案：包括头和身体的快速反应活动（Velocity）、与提高大腿与髋部力量有关的重心在垂直方向的活动（Vertical）、中到大的活动强度（Vitality）、改善可获取的视觉信息（Visual）和使用刺激前庭功能的练习（Vestibular）。通过针对性的平衡能力训练能够改善平衡和移动能力，当训练必须保证足够的周期和强度才能对老年人跌倒有一定的防御作用。

通过对中国知网、万方、维普等中文数据库的文献检索，关于跌倒随机对照实验的文献较为少见，由此可见，我国在老年人跌倒防控方面还只处于经验探索阶段，社区护理中并未重点关注跌倒风险评估和跌倒干预实施等方面的内容，在理论和实践上都与国外的研究成果有较大差距。伴随老龄化社会的到来，需对老年人跌倒防控工作引起高度重视，应根据我国老年人的生理心理特点、生活习惯和居住环境等，及早探索和发现有效的跌倒风险评估方法和运动干预手段，加强对跌倒的预防控制研究，降低老年人的跌倒风险，减轻老年人跌倒所造成的伤害以及给家庭、社会和国家带来的负担。

二、姿势控制与老年人跌倒研究进展

姿势控制过程被认为是通过两种行为实现的：第一种是闭环控制（或称为反馈），即期望的与实际发生的控制状态之间进行错误修正。该控制系统反应不及时，被控制量出现偏差以后，控制器才开始调节，理论上不可能使控制量始终保持在设定值。第二种是开环控制（或称为前馈），它是一种没有错误察觉的情景下所引发的一种补偿动作行为。该控制系统反应及时，不必等到控制量出现偏差就产生了补偿性的控制，使被控制量保持在设定值上。姿势控制广义上讲，肢体协调进行体位控制，从而保证一定动作表现单向或循环的感觉——动作过程，在老年人跌倒相关的研究中，姿势控制可以狭义理解为对身体整体的平衡控制能力。即控制质心（Centre of Mass，CoM）与支撑面关系的能力和保持身体环节间、身体与动作任务环境间适当关系的能力。姿势控制过程是中枢神经系统各组织结构共同作用的结果。目前认为对姿势控制的过程存在两种可能的情况，一是通过从大脑到效应器之间逐级传递控制信息，脊髓是最低级，往上是脑干、小脑和间脑，大脑半球（大脑皮质和基底节）是姿势控制的最高级中枢，大脑半球整合分析视觉躯体感觉和前庭感觉的传入信息作出姿势定向，同时选择合适的运动机制通过运动的传出信息作用于肌肉骨骼系统，保持姿势的稳定性，低级神经中枢在此过程中主要起信息传递作用。二是认为某一感觉传入信息可以兴奋多级神经中枢共同调节姿势控制过程。

（一）姿势控制中神经肌肉功能与跌倒

肌力会随着年龄的增长而下降，下肢肌力在30～80岁会下降40%。休斯等人对60岁的老年人进行了10年的纵向研究显示，膝关节伸肌和屈肌的肌力减少达到12%～17%，但也不能排除一些个体在特异性的衰老过程中出现肌力增加现象。有跌倒史的老年人肌力减弱更为明显，与没有跌倒史的老年人相比膝、踝关节肌力减少2～4倍。临床上有肌肉减少症，是指随着年龄的增长肌肉大量流失从而导致肌肉力量的下降。肌肉减少症被认为是造成身体衰弱的主要因素。费里德等人建立了5项诊断身体衰弱的标准：①非故意的体重下降；②步行速度降低；③低的身体活动水平；④疲劳；⑤握力下降。如果具有这5项标准中的1～2项认为是有衰弱的征兆，若有3项及以上的症状，则可以诊断为衰弱。患有衰弱症的老年人具有相对较高的跌倒风险。肌力与身体功能关系密切，研究发现，超过20%的功能状态的变异可以用相对肌力强度来解释。与肌力相比肌肉功率更加重要，随着年龄的增长，肌肉的爆发力不足，是导致不能应对突如其来的外界扰动的主要原因，因此，通过针对性的肌肉功率（爆发力）的干预训练比普通意义的肌肉力量训练对改善老年人的身体功能更有效。刘宇等人通过肌动图（MMG）对10名老年人和10名青年人的股外肌在不同强度下的激活和疲劳测试分析发现，老年人在静、动态力量表现中有肌力流失的现象，老化对爆发力影响远超过对肌力影响。研究表明，保持身体功能所需要的肌力或力量的大小主要取决于活动的任务，若一个80岁的老年人能够从椅子上独立地站起来，说明其股四头肌的力量对于保持他的站立功能是能够胜任的，但当肌力下降到任务所需要的阈值以下，就会限制身体的某些功能，发生功能性障碍。

静态站立状态下通常通过身体摇摆的情况来进行评估老年人姿势控制能力。梅基等人通过对64名健康成年人（含老年人和年轻人）和5名有跌倒史的老年人进行了睁眼站立中自发摇摆和扰动干预下的身体摇摆测试，扰动干预是在一个移动的测力台上进行，受试者站立在测量台上，在无预知的情况下测力台短暂地向前加速。通过对COP的移动范围，晃动频率等参数进行了比较分析发现，自发摇摆和扰动摇摆表现出随年龄增加稳定性下降，尤其是在扰动影响下摇摆更加显著，年轻人在自发摇摆和扰动摇摆之间表现出显著相关性，然而正常老年人与有跌倒史的老年人却在这两种摇摆测试数据中没有表现出显著的相关性，在某些自发摇摆指标上甚至出现负相关。沃尔夫森等人研究也发现35岁的年轻人和76岁无神经系统疾病的老年人的摇摆测试结果只有3%的不同，无统计学显著性差异。霍拉克甚至提出患有神经疾病的老年人，如帕金森患者，他们静态站立时摇摆是正常的，甚至比健康者摆动减少，这可能是因为肢体刚性或强度的增加将静态站立时摇摆限制在一个很小的范围，但不能盲目判定其姿势控制正常或无跌倒风险。任杰等人通过测力台和录像分析系统测试11名健康成年人在睁眼和闭眼状态下直立姿势保持1分钟，探讨直立姿势控制中足压中心（COP）和头部动摇的区别和联系，结果表明：RMS（误差均方根）指标上COP与头部动摇之间有很高的相关性（$r=0.75-0.97$，$P<0.01$），提示头部测定法和COP法不能互相取代，头部测定法比COP法更有效。因此，在正常静态站立睁眼评估摇摆并不是评定老年人平衡功能优劣的最好方法，可以通过闭眼或肢体转动后的站立摇摆更好的体现个体综合平衡控制能力。

在有外界扰动状态下，老年人的平衡受到威胁时，身体相关环节的肌肉激活反应一直是多数学者研究的热点。卡尔博诺、长井、巴雷特、阿夫塔布等许多学者通过人为扰动对人体失衡后的姿势调整及神经肌肉的控制能力进行了大量实验研究。人体神经肌肉控制系统由高级神经中枢、脊髓神经中枢及肌肉运动系统3部分组成。突发外部和内部姿势干扰（Posture perturbation）条件下，中枢神经系统（CNS）对身体姿势调整肌肉的快速激活分别动用了下意识的前馈（Feed-forward mechanisms，FFM）和反馈（Feedback mechanisms，FBM）两种不同的神经肌肉控制机制，以维系身体重心稳定和保持特定身体姿势。当人体受到外界突然的扰动而面临失衡时，往往通过中枢神经系统的快速反馈，产生局部肢体的姿势改变试图去抵抗扰动。最广泛的前馈姿势控制研究一般是通过测量站立状态下扰动导致的单侧或双侧手臂的抬起动作。梅基通过姿势调整的生物力学分析指出，对于手臂的姿势调整有三个重要的力学变量要考虑：一是增大了支撑脚在垂直方向上的支撑反作用力；二是增大了支撑脚水平向前的支撑反作用力；三是改变了脚的后部COP的位移。

稳定性不同的老年人在面对不同强度和速度的平衡失控时的反应也是不同的。林等人通过测试胫骨前肌、股四头肌和腹肌发现小而慢的向前扰动时，稳定性好的老年人和稳定性差的老年人的启动反应时间都比年轻人明显延长，但应对大而快的扰动时，只有稳定性差的老年人才表现出启动延时。进一步通过对扰动时腓肠肌的姿势反应幅度和最大自主收缩幅度对比发现，在较小的扰动时，年轻人和稳定性好的老年人都使用了相似的最大能力（约20%）进行姿势调控，但稳定性差的老年人明显要用更大的最大能力（约40%）进行抗扰动的姿势调控。当扰动速度增加到40cm/s，稳定性好的老年人也表现出比年轻人更明显的最大能力利用率。斯巴多等人通过对70名有过跌倒史的老年人（70~94岁）和20名年轻人（21~58岁）进行了侧向迈步启动的实验对比研究，受试者判断屏幕中随机出现的箭头指示方向（左或右），并按照指示方向快速启动行走，通过地面铺设的测力台获取启动过程中的力学特征参数。研究结果表明，在行走诱发启动过程中老年人起动腿存在一个或两个控制调整策略，年轻人在启动过程中仅使用一个控制调整策略，并指出启动时出现两次调整策略的老年人与过去一年内有过跌倒情况呈显著相关。另外，较长的启动离地时间与跌倒也高度相关。老年人侧向运动控制能力较弱，是引发老年人转身跌倒的主要隐患。王少君研究表明，老年人静态姿势控制能力出现明显下降，特别是姿势控制难度增加时，侧向稳定性变化更为优势判别。在突发足底水平侧向干扰时，老年人依然表现出更差的动态姿势稳定性。规律的体育锻炼可以改善老年人静态、动态姿势控制能力。但不同的锻炼方式其锻炼效果不尽相同，太极拳锻炼在此方面的作用尤为突出。可能的机理为规律太极拳锻炼提高了相应肌肉的神经肌肉反应和肌肉收缩效率，优化了身体侧向调控策略。

（二）姿势控制中感觉功能与跌倒

感觉系统的功能改变对姿势控制和平衡能力会造成严重的影响，进而会增大老年人的跌倒风险。其中视觉、躯体感觉、前庭觉和本体感觉是影响平衡能力的重要因素。由于衰老或某些神经病变会造成感觉系统出现功能障碍。

研究发现许多老年人下肢（腿部、足部）振动阈值提高，踝关节的振动反应迟钝，触摸阈值随着衰老而减退，主要原因是衰老影响了麦氏小体和环层小体的数量和质量，另外，老年人神经纤维支配的感受器功能降低30%。当在完成日常生活活动（ADLs）时，老年人每天都要在家里来回走动，或是外出散步、购物，必须要避开障碍物，比如家具、地上的杂物、不平的道路等，在躲避这些障碍物时，老年人必须要通过视觉、本体感觉以及前庭觉的综合判断，迅速改变步态模式跨过或绕过障碍。可用的反应时间只有从察觉障碍到与障碍物相撞，在这短暂的时间内，神经中枢系统必须把通过视觉获取到的障碍物的位置及特征，连同自己的运动速度和身体位置进行综合信息反馈给大脑，通过效应器指挥相关环节的肌肉收缩，控制肢体修正当前的运动模式，完成对障碍物的躲避。很显然老年人在躲避障碍物时是非常危险的，因为在察觉到障碍物到发生碰撞的时间太短，老年人由于视觉加工过程延长，反应能力下降。琼斯·里德等人针对提升老年人的视觉判断能力、灵敏性、本体感觉以及前庭功能等综合能力为基础，制订了一套预防老年人跌倒的穿越障碍练习方案（图2-5），49名65岁以上的老年人经过12周的训练，躲避障碍的功能提升22%。

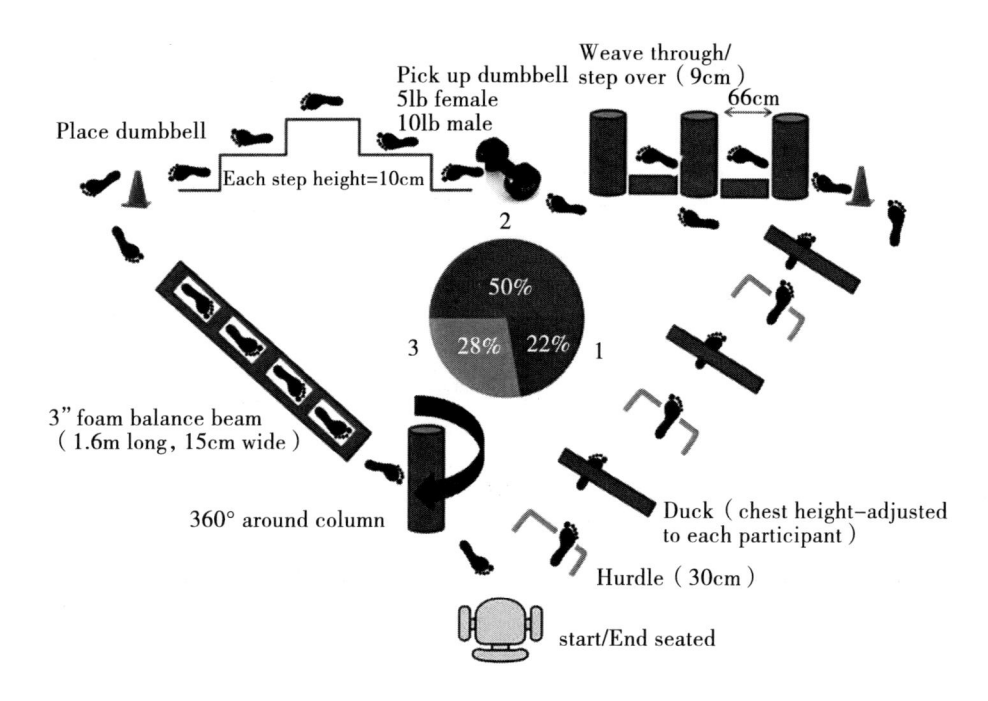

图2-5　基于综合感觉功能的障碍训练方案

前庭系统的一个功能是其他系统（视觉和躯体感觉）对比与校正的绝对参照系统。老年人前庭系统功能障碍表现为平衡能力下降，头晕眼花，眩晕。前庭系统随着老年人年龄增加会出现功能减退，大约在40岁开始，前庭神经细胞的功能逐渐减退，不到50岁时，内耳的半规管中的感觉细胞也开始减少，在70岁时，有40%的前庭毛细胞和神经细胞丢失。

　　前庭系统在视觉和躯体感觉系统发生冲突时对平衡的控制显的尤为重要。有前庭损伤的老年人，在视觉和躯体感觉冲突的环境中，会出现眩晕和稳定性下降的现象。眩晕是一个用于描述运动错觉的术语，它包括不稳和不平衡的感觉，即衰弱或头重脚轻的感觉。许多疾病都可以造成眩晕的症状，包括内耳疾病。老年人前庭系统内耳石的退化，可能会导致老年人位置性眩晕和步行时不平衡的现象。许多研究证实当姿势控制的感觉信息严重减少时，一些老年人比年轻人更难维持平衡，如闭眼（视觉信息阻断），站在泡沫板等软的支持面上（部分躯体感觉阻断）。霍雷克等人通过研究有跌倒史和无跌倒史的老年人，结合年轻人对照组进行了感觉信息改变的适应能力实验中发现，超过20%的老年人（含跌倒和非跌倒）在平衡的视觉信息错误时都失去了平衡，而年轻人（20～39岁）没有失去平衡。40%无跌倒史的老年人在提供视觉和躯体感觉信息都不正确的报告时身体摇摆失去平衡，相比之下少于10%的年轻人也会失去平衡，在任何涉及摇摆的情况下，躯体感觉提示错误的条件下，有跌倒史的老年人都表现出更差的姿势控制能力。伍拉科特等人研究发现，当姿势控制的视觉和躯体感觉输入都减少时，50%的老年人在首次尝试这种条件时都失去了平衡，但大多数老年人在第二次尝试同样的条件时就可以保持平衡，说明他们可以适应姿势控制的感觉，但只有在同样条件下进行练习后才能够产生。在新的环境中，老年人跌倒的倾向会有不同程度的加重，但环境熟悉后跌倒风险会有不同程度的降低。这意味着很多老年人需要慢慢适应环境，跌倒不全部是因为姿势控制能力的缺乏，在新环境中跌倒倾向的主要原因可能与老年人预期性姿势调整能力不足有关。帕伊等人在一项老年人从坐到站立活动的预备性和反应性姿势控制的关系研究中发现，在老年人从椅子上站起时突然向前推他们，在重复尝试后，老年人出现了适应性调整（即预备性姿势控制），以增加他们的稳定性。认为这是老年人通过设定COM稳定性的内在表现来改善稳定性的预备控制能力。

（三）姿势控制中认知功能与跌倒

认知能力是指人脑加工、储存、提取信息的能力。它是成功完成一切身体活动的基础。大量研究表明，随着年龄增长老年人的认知能力逐渐出现衰退。认知功能衰退（Cognitive Decline）是指人脑加工、储存和提取信息的能力下降现象。表现在学习记忆力降低、认知加工速度减慢、执行功能下降以及语言表达能力减退。认知控制（cognitive control）是指个体在完成复杂的认知任务时，对各种基本认知过程进行协调和控制的过程，包含工作记忆的提取协调、任务切换、对自动化提取的抑制、提取策略的不断更新、注意的控制和选择等多个子成分。

老年人认知功能衰退导致认知控制能力下降，在面临多任务的行动中，由于任务切换造成信息提取及注意力控制分散从而导致姿势控制能力降低，行动中的平衡稳定性下降，容易导致跌倒。盖伊提出了认知—姿势控制干扰的概念，即大脑在执行认知和姿势控制时，两个任务会产生相互影响，或影响认知过程的执行，或影响姿势控制稳定性。尽管姿势控制的方向和平衡过程包含了身体多环节的复杂神经控制过程，但姿势控制系统却经常被人们忽略，因为姿势控制的过程通常被认为是一种无意识的自动控制，几乎不需要注意的参与。只有当人们的神经系统或骨骼肌肉系统出现损伤或病变，开始和眩晕与空间方向感紊乱作斗争时，才会"想起"平衡和姿势的调整问题。但伍拉科特等人研究表明，姿势控制有明显的注意需求，这些需求根据姿势任务、个体年龄和个体平衡能力而有所不同。研究注意和姿势控制相关影响的典型方法就是双任务模式，即同时执行姿势任务和继发任务（干扰）。

完成困难的平衡任务时受空间（视觉）记忆而非语言记忆的影响，因为姿势控制被认为包括了视觉（空间）处理过程。埃布斯巴赫等人特别研究了老年人步态控制与伴随发生的继发任务之间的关系，表明以手指叩击为继发任务导致跨步时间明显减少，当行走同时完成较小的动作和简单记忆任务时，双腿的支撑时间明显受到影响，但年轻人在双任务的状态下步态参数的变化是很小的。康等人通过测试了717名社区老年人（年龄77.9±3.5岁）的30秒站立过程中COP的变化，并且站立中进行数字减法运算作为继发任务。结果表明，双任务对身体虚弱的老年人影响较大，对身体相对健康的老年人几乎没有影响。索瑟德等人推出了一套新的双任务测试方法，即多任务测试（Multiple Tasks Test，MTT），并且把此方法与Berg平衡量表（The Berg Balance Scale，BBS）进行了对照研究，目的是消除BBS在测试身体功能能力较强的老年人所出现的"天花板效应"。22名受试者（年龄78.7±6.9）同时进行了MTT和BBS测试，结果表明，MTT与BBS得分高度相关，提示MTT更适合区分身体功能较强的老年人的跌倒风险。通过声觉刺激作为继发性第二项干扰任务，发现注意力会被分散。艾希霍姆让老年人（平均年龄73岁）和年轻人（平均年龄24岁）在走路时要求当听到一种"低声调"的声音后，要尽快做出反应并低声说"轻声的"，当听到一种"高声调"的声音后，要尽快做出反应并大声说"大声的"。经过测试发现，老年人走路时在听觉任务的反应时间上明显比年轻人要慢，提示老年人在同时有效完成两个任务时存在困难。

认知能力对老年人的行动会产生较大的影响，这种现象已经非常普遍，不仅只发生在有跌倒风险的老年人身上，随着年龄增长属于一种不可避免的状态。林登贝格尔等人对不同年龄段（年轻人、中年人、老年人）的受试者进行了一项双任务测试，让受试者在狭窄且路口复杂的小路上或站、或坐、或行走，并同时记忆单词表。实验结果表明，与坐、站相比，行走时记忆的准确性明显降低，与单独行走相比，执行双任务时步行的速度与准确性大幅降低。40～50岁人群执行双任务时的记忆力和行走速度也出现降低，60～70岁的老年人除了步行速度下降外，行走的准确性也明显下降。研究者认为诸多关于双任务对行动的影响研究，提示认知能力对运动的影响与年龄密切相关，这是一种更为普遍的老龄化现象，被称为"行为和认知的年龄相关现象"。这种观点认为对于身体衰弱、功能缺陷以及整体感觉障碍的人群需要更多的认知控制和监督。

小　结

综上所述，随着老龄化社会的到来，国内外对老年人跌倒问题的关注度普遍升高，对老年人的跌倒研究越来越受到国内外学者的重视。与国外老年人跌倒研究相比，我国起步较晚，研究的深度和广度与国外还有一定差距，但未来我国老年人口会出现大幅度增长，人口老龄化会越发严重，老年人跌倒防控将是一个非常严峻的问题。目前国内外对老年人跌倒风险的预测及评价仍然存在较多问题。跌倒与老年人人体平衡及步态的姿势控制能力密切相关，影响老年人跌倒的因素也是多方面的，跌倒的机理与身体内在的退行性改变有关，也与外部环境有关，跌倒风险评估的方法也是多种多样的，但不同方法在跌倒风险评估中的一致性有待进一步研究。目前，对高跌倒风险人群的异常步态和平衡问题的运动学、动力学及肌电图学的综合研究相对不足，对跌倒风险老年人站立或行走姿势控制机理的研究较少，对老年人跌倒风险评估缺乏深入系统的研究，针对高跌倒风险人群的运动干预策略研究还需进一步加强。本课题试图在老年人跌倒风险预测与评估方面进行多维度、多指标的探索研究，旨在为老龄化社会中老年人跌倒防控提供参考依据。

第三章　老年人姿势控制能力测试方案优选

纵观国内外大量相关文献，影响老年人跌倒的主要内因是来自老年人平衡及步态的姿势控制能力衰退，但目前国内外文献中所采用的测评指标和方法非常繁杂，还没有公认的"金标准"，很多实证研究在测试方法的选择上带有较强的主观性和片面性，因此对测试数据结果的评价会带来一定的局限性，得出的结论也难免会出现偏倚。如何选择科学、合理、客观的老年人姿势控制能力评测指标及实验测试方法是研究老年人跌倒问题的关键。本部分主要是通过专家调查，利用相关领域专家的经验和客观评价，确定一套能够科学、有效地测评老年人姿势控制能力的实验方案，为接下来基于姿势控制的老年人跌倒风险评估提供详实、可靠的实验数据。

第一节　研究方案设计

一、研究对象

老年人姿势控制能力相关的影响因素及测试方法。

二、研究方法

（一）文献法

通过中国知网（CNKI）、万方数据知识平台、维普期刊资源整合平台，输入"跌倒""老年人""平衡""步态""姿势控制""运动控制""跌倒风险""神经网络"等关键词检索相关期刊论文、学位论文、会议论文以及报刊杂志等中文数字文献。另外，通过Pubmed、Springer Link、Elsevier Science Direct，Google学术等国外全文期刊数据库，以"跌倒""跌倒风险""老年人""衰老""上了年纪的人""平衡""步态""运动控制""跌倒预防""人工神经网络"等核心关键词检索国外的相关期刊、学位论文、书籍等英文数字文献。对相关度较高的近十年的中外文献500余篇进行了阅读，对其中重点期刊300余篇进行了仔细研读。另外，在苏州大学图书馆和山东理工大学图书馆借阅了100余册相关书籍进行阅读，并通过亚马逊、当当网以及书店购买了一些参考价值高的外文译本或中文图书。通过大量的文献阅读，对老年人跌倒的国内外相关研究动态有了较为深入的了解，对其中的一些背景知识有了更广的接触，为本课题的研究工作奠定了基础。

（二）访谈法

本课题在研究过程中与国内外有关老年人跌倒评估与防控以及运动生物力学领域的多名专家学者进行了当面交谈。在参加全国学术会议之际就课题的选题意义、研究方案及可行性等问题与来自全国体育院校及体育科研院所的体能及动作功能筛查专家、教授进行了详细交流；利用2014.12—2015.8在美国访学期间，与导师罗杰斯·迈克尔教授、杨上游教授就姿势控制的相关指标及测试方法进行了交流与学习，为本研究的顺利开展奠定了基础。

（三）专家调查法

为了保证调查结果的科学性和代表性，本课题问卷调查的对象选择本研究相关领域内的专家。对问卷数据的量化处理过程参照派生特尔斐法。首先，在查阅大量国内外文献的基础上，形成一个老年人姿势控制能力相关影响因素及测试方法的初选框架，并按照姿势控制的相关理论制定调查问卷（见附录Ⅲ、附录Ⅳ），通过两轮次的发放和回收问卷，汇总整理，与专家进行反复信息交流与修正，并用量化评分的方式，最终使意见趋于一致，对老年人姿势控制能力相关的测试方法进行了合理筛选。

1. 专家的选择

本课题的研究主要是围绕姿势控制与跌倒风险评估，涉及到运动生物力学、运动生理学、老年医学、预防及临床医学等交叉边缘学科，因此，首先要在这些领域里选择有一定知名度，并且具有较高的学术造诣及临床经验的代表性专家。本研究专家主要来自高校体育院系、体育科研所、医院医疗康复及护理科室具有至少10年以上的教学、科研和临床工作的高级职称或博士学位的学者。具体情况参见附录Ⅰ。

2. 第一轮专家问卷的设计

在前期查阅并研读大量相关文献的基础上，通过与部分专家访谈，重点获取了老年人姿势控制能力相关的若干指标和测试方法，根据研究的客观需要和测试方法及相关理论依据的内在关联，将其初步划分为核心因素、隐含因素及相关测试方法三个层次，其中影响老年人姿势控制能力的核心因素有3个，分别为运动功能、感觉功能和认知功能，划分依据是根据库克·舒姆韦、毕胜等人在《运动控制原理与实践》（第3版）中对姿势控制理论的界定。隐含因素16个，相关测试方法34个，按照这些因素和测试方法，初步设计了第一轮专家问卷，每个题目的选项由①重要、②比较重要、③一般、④不太重要、⑤不重要这5个选项构成，并且把①—⑤选项分别赋予9、7、5、3、1的分值。同时，问卷中还涉及专家权威程度的问题评分。为了提高问卷的发放和信息回收的效率，本研究的调查使用手机APP"问卷星"进行问卷的制作，在微信平台发放及回收，通过添加专家好友将问卷及时发送到专家的手中，专家随即可以在微信打开链接直接填写并提交，笔者通过APP"问卷星"后台随时可查阅并记录专家反馈的问卷信息，大大缩短了调查的周期并提升了与专家的信息交流反馈效率。

3. 指标的增删原则

本研究指标的增删参照陈超《老年人跌倒的身体素质与力量训练干预研究》的标准执行。具体的删减原则：①专家意见集中度（M_j）>7；②专家意见协调程度（V_j）<0.2；两个条件同时满足指标将保留，否则剔除；两个条件只有一个满足，将保留进入下一轮继续评价。增加指标的原则：有50%

以上的专家建议的指标。

4. 对专家评价意见的统计

（1）专家的积极性系数（C_{aj}）

所谓专家的积极性系数就是专家对某方案的关心程度。即参与评分评价的专家数与全部预定专家数之比值。

$$C_{aj} = \frac{m_j}{m}$$

式中，C_{aj}表示专家积极性系数，m_j表示参与j指标评价的专家数，m表示全部预定的专家数。

（2）专家的权威系数（C_R）

专家的权威系数是指专家对问题的判断系数和熟悉程度系数的算术平均值。

$$C_R = \frac{C_a + C_s}{2}$$

式中，C_R表示专家的权威系数，C_a表示专家的判断系数，即对问题的判断依据，一般是从专家的理论知识、实践经验以及对国内外研究现状的了解等方面作为依据，本研究以专家在该领域的工作年限为依据赋值，工作年限10~15年赋值"0.5"，15~25年赋值"0.8"，25年以上赋值"1"。C_s表示专家对问题的熟悉程度，按照"熟悉，比较熟悉，一般，不太熟悉，不熟悉"分别赋值"1，0.8，0.5，0.3，0.1"。

（3）专家意见集中度（M_j）

专家意见集中度是指专家对每个评价指标赋予分值的平均值。反映专家对评价指标的意见集中程度。均值越高，意见集中度越高。即：

$$M_j = \frac{1}{m} \sum_{i=1}^{m_j} C_{ij}$$

式中，M_j表示j指标的算术平均值；m_j表示参加j指标评价的专家数；C_{ij}表示i专家对j指标的评价值。

（4）专家意见协调程度（V_j）

专家意见协调程度是指专家们对 j 指标评价的变异系数。V_j 表明了专家们对 j 指标相对重要性的波动程度，V_j 越小，专家意见协调程度高。即：

$$V_j = \frac{\sigma_j}{M_j}$$

式中，V_j 表示 j 指标评价的变异系数；σ_j 表示 j 指标的标准差；M_j 表示 j 指标的算术平均值。

（四）数理统计法

相关数据统计使用社会学通用统计软件 IBM SPSS Statistics 19.0 完成，描述性统计以均值（X）和标准差（S）表示，即：$X \pm S$。相关派生指标采用 Excel 计算完成，系数比较保留两位小数。

第二节　姿势控制能力测试方法的筛选原则与方法

一、老年人姿势控制能力测试方法的筛选原则

（一）科学性原则

科学性原则作为一种普适性原则，是指实践活动的开展一定要按客观规律办事，正确处理主观与客观、理论与实际、传统与现代之间的关系。同时还要以先进的科学理论作为指导，运用合理的技术手段来观察、认识和实施具体的活动，这些都是由实践活动自身的客观性和规律性所决定的。对任何活动都具有一定的实践规约，在筛选影响老年人姿势控制能力的测试方法中，要按照科学的原则筛选出能够符合有效性、客观性、准确性的测试指标与方法，以便能准确有效地测量和评价老年人姿势控制能力的某种属性。

（二）代表性原则

所谓代表性原则就是所选择的事物能够显示同一类事物的共同特征，是某种质量或抽象概念的典型。在筛选影响老年人姿势控制的测试指标方法过程中，涉及同类评价指标及相关的测试方法很多，要按照姿势控制的影响要素，甄别和筛选具有代表性的指标及其测试方法，利用这些指标和测试方法进行老年人姿势控制能力的评价，其结果才能具有代表性。

（三）适用性原则

适用性是指在符合客观条件的要求下适合应用。在筛选影响老年人姿势控制的指标过程中，必须要考虑筛选指标和测试方法要适应老年测试群体。要充分考虑老年人特有的身体机能与功能状况，对于不适宜老年人的指标和测试方法适当修正或摒除；筛选的指标和测量方法要具有可测量性和安全性，对于测试结果模糊无法测试和测试过程安全性无法保障的指标要剔除，尽量减少跳跃、强烈旋转等高难度危险测试方法；所筛选的评测指标和方法要尽量具有典型性，简单易行，便于操作和评测。

二、老年人姿势控制能力相关因素及测试方法的初选

老年人姿势控制是一个非常复杂的控制系统，它是在肌肉骨骼和神经系统的高度协调配合下完成个体与任务和环境的交互作用，从而控制身体在空间的位置以达到稳定性和方向性的目的。能够控制身体在空间的位置是做任何事情的基础，所有的活动都需要姿势控制，姿势控制系统必要的成分包括："一是运动过程，主要表现在神经系统的支配下使全身肌肉达到相互协调；二是感觉过程，主要包括视觉、前庭觉及本体感觉等；三是认知过程，主要表现对形成活动的感觉和确保姿势控制的预期及适应"。因此，本研究围绕姿势控制系统关联最密切的运动功能、感觉功能和认知功能三个核心因素探索影响老年人姿势控制能力的相关指标及测试方法。

（一）运动功能相关指标及测试方法

"身体素质（physical fitness）也称为身体适应性，是指人体在运动过程中所表现出来的力量、速度、耐力、柔韧、灵敏、协调以及平衡等机能能力的总称，是人体各器官系统的机能在肌肉工作中的综合反映"。身体素质是完成一切身体活动的基础，无论是日常的生活起居、购物、旅游、体育锻炼，还是上班工作，都需要有一个良好的身体素质来支撑。"运动能力（motor ability）是指人们在运动中掌握并有效地完成专门动作的能力"。身体素质和运动能力是评价个体体质好坏的主要依据之一，同时，身体素质与运动能力也具有非常密切的关系，一般来讲，运动能力强的个体身体素质也较好；而且，身体素质好的个体，运动能力也较为出色，二者是相辅相成的关系。姿势控制则是连接身体素质和运动能力之间的桥梁，"姿势控制（postural control）是调节和管理动作的一种必需的身体功能系统"。姿势控制系统有两个功能："一是反重力功能；二是作为对外部世界进行感知和反应的参考系统"。人体是以有大量的肌肉和关节为特征的，在协调的执行和完成功能性的动作时，必须对其进行全部控制。随着年龄的增加，老年人的身体结构和功能均出现不同程度的衰退，各项身体素质也会有不同程度的下降，从外部行动的表现来看，能够明显观察到老年人姿势控制能力下降，如身体摆动幅度增加、动作迟缓、步态不稳、协调能力减弱及动作精确性下降等。这些身体功能的改变影响着老年人的日常活动，增加了跌倒的风险。因此，将运动功能作为评价老年人姿势控制能力的第一个核心因素，并按照高等体育院校通用教材《体育测量与评价》中对运动功能相关身体素质的划分标准，将力量、速度、耐力、柔韧、灵敏、平衡纳入到运动功能因素的相关隐含因素，综合考虑协调能力与其他身体素质如平衡能力、灵敏素质等有重叠因素，故未将协调能力纳入运动功能的隐含因素内。

许多文献证实了肌力减退是平衡能力下降和步态失稳的重要因素。影响老年人姿势控制的力量可分为上肢力量、下肢力量和全身协调性力量，本研究参照王红雨关于高龄老人体能测试指标体系研究中提出的相关指标及测试方法。分别选取了握力、站立提踵、搬举力以及5次坐立（Five times sit to stand test, FTSST）测试作为力量素质因素下的相关测试方法。这些测试方法针对老年人来讲，简单易行、容易理解并且操作风险低。其中，握力、搬举力和站立提踵是体质测量与评价中最常用来测试上下肢及全身力量的指标,而5次坐立测试（FTSST）则是近年来在国际上得到普遍认可的一种用来综合评价老年人下肢力量、身体姿势控制能力的测试方法。5次坐立测试（FTSST）在临床上广泛用于老年人跌倒风险评估。瓮长水等人通过对41例有跌倒史和96例无跌倒史的老年人进行5次坐立时间和下肢肌力测试,研究表明FTSST时间是预测跌倒危险的最重要因素（OR=1.41）,而且预测跌倒危险的效力远高于下肢肌力因素（OR=0.35）,说明从坐到站动作表现包含着更多引发跌倒风险的因素,而不仅仅是下肢肌力因素。

速度素质是指人体快速运动的能力,一般以动作速度和位移速度来衡量人体对各种姿势控制的能力。在评价老年人姿势控制和跌倒方面,10米最大步行速度（Timed 10-meter walk test，TWT）是常用的测试方法之一。步行速度和老年人的功能状态密切相关,被认为是继脉搏、血压、呼吸、体温、疼痛之外的人体第六感觉特征。彼得斯等人通过对43名健康老年人进行了4米和10米最大步行速度测试,通过重复性测试评估,发现10米步行速度的信度和效度要优于4米,并建议用10米最大步行速度评价老年人的行走速度特征更客观有效。倒走运动是常见的一种健步走方式,研究表明倒走在运动模式、肌肉工作特征、步态特征、姿势控制的生物力学特征等方面与正常行走有较大差别,并且倒走与平衡能力提升以及下肢关节运动功能的康复有关。因此选择10米最大速度行走、6米倒退走作为速度素质的相关测试方法。

柔韧素质是指人体关节在不同方向上的运动能力,以及肌肉、韧带的伸展能力。人体柔韧性的优劣取决于关节结构,关节的灵活性,韧带及肌肉的弹性和神经系统对肌肉的调节能力。常见的测试方法有坐位体前屈、立位体前屈、俯卧背伸等,主要测量人体绝对柔韧性的大小。另外还有一些是用来测量相对柔韧性的方法,比如,后屈体造桥、俯卧抬臂、转肩等。坐位体前屈是国民体质监测中非常成熟的一种常规项目,立位体前屈是坐位体前屈的衍生测试方法,是测量不同体位下的柔韧素质。坐位体前屈或立位体前屈主要是测试躯干及下肢各关节可能达到的活动幅度,以及下肢肌群、韧带的相关伸展性和弹性。双手背勾主要是测试上肢肩关节以及肘腕关节的活动幅度以及伸展能力,因为其安全性较高特别适合于老年群体。因此选取了坐位体前屈、立位体前屈和双手背勾作为柔韧素质的相关测试方法。

耐力素质是指人体在较长时间内保持特定强度负荷或动作质量的能力。耐力素质测量一般分为定量计时和定时计量两种主要方式,主要是测量与评价人体的肌肉持续工作能力及心血管系统的生理耐受力。常见的耐力测试有800米跑(女)或1000米跑(男)、12分钟跑、50米×8往返跑等,在力量性耐力方面有俯卧撑、引体向上、屈臂悬垂等,本研究主要是考虑老年人姿势控制的特点,选择了1000米走和2分钟原地踏步作为耐力素质的相关测试方法。

灵敏素质是指人体在各种复杂条件下,快速、准确、协调地完成改变身体姿势、运动方向和随机应变的能力。人体在完成某些活动时有时是通过整体的移动、身体位置的变化、转变方向等来体现灵敏程度,有时只有身体局部环节参与活动,如手的抓握、脚停足球等。所以在测量灵敏素质指标的选取中要考虑整体和局部灵敏性的特点。在体育心理学中有相关手的操作灵敏测试和利用脚踏频率来测量脚的灵敏程度的相关测试仪器。故选取手的灵敏性测试、脚的灵敏性测试和反复侧跨步测试作为灵敏素质的相关测试方法。

平衡性是维持身体姿势的能力。一般来讲,平衡能力可以被划分为姿势平衡、静态平衡和动态平衡三种类型。姿势平衡是指人体基于基本反射功能的相对下意识的平衡。例如使身体保持直立姿势,头部保持正直,或完成基本的站立或坐姿等。静态平衡是人体处于相对静止时,保持一个预先设计或想要完成的动作时,对身体姿势控制的能力。常用的测试手段包括单脚站立(睁眼)、单脚站立(闭眼)、单足前脚掌站立、鹤立测试以及在专门的平衡测量仪器上进行测试。动态平衡是指在运动中维持和控制姿势的能力,国内外大量的文献研究涉及老年人动态平衡能力的测量及评估中发现,老年人平衡能力下降是导致其跌倒发生的主要原因,那么老年人平衡能力下降必然导致其姿势控制能力下降。老年人随着年龄的增长,身体素质和身体功能出现不同程度的衰减,明显的变化是肌力下降,视力、触觉以及前庭能力都慢慢减弱,在行走过程中步速和步长都会发生相应的变化,因此,老年人步态特征是评价动态平衡能力的一个指标。步态是人的行走姿势,是一种可感知的生物行为特征。很多研究都在老年人跌倒风险评估方面,探索老年人异常步态模式,孔令富等人采用一种Zernike矩技术的新方法提取了老年人异常步态特征,有利于更加详尽地分析老年人跌倒的原因。此外,在评价老年人动态平衡能力方面足底压力测试与分析是普遍采用的一种新方法。此方法是基于先进的平板式足底压力测量系统,利用先进的传感器和数据采集技术,压力传感器可以记录到身体的摇摆情况并将记录到的信号转化成数据输入计算机,在应用软件的支持下,对接收到的数据进行分析，能够详细获取人体在与地面支撑的动态平衡过程中足底压力的分布情况以及身体的晃动情况，实时绘制压力中心（COP）在平板上的投影与时间的关系曲线，这就形成了定量姿势图。它可以记录到微弱的姿势摇摆以及复杂的人体动力学模式的改变，能够定量、客观地评价平衡功能。程磊通过对有跌倒史和无跌倒史的老年人进行足底压力分布测量与分析表明，随着老年人肌力及感知觉等功能的下降，行走过程中不能控制压力中心（COP）的连贯移动，左右足的着力点出现了非对称性特征，与正常老年人相比，有跌倒史的老年人COP在X轴的变化范围呈增大趋势，而在Y轴的变化范围则有减小趋势。足底压力分布测量除了用于老年人步态和动态平衡稳定性评价外，还广泛用于早期糖尿病人的筛查，偏瘫患者及帕金森病人的姿势控制分析，以及多发性硬化病人的足底压力改变及平衡问题。纳塔尔等人通过对29名多发性硬化病人和28名普通受试者进行足底压力分布测试和BBS（Berg Balance Scale）平衡量表测量，发现足底压力测试可以通过COP的微细变化辨别多发性硬化病人平衡紊乱，而单独利用BBS来评价轻微的硬化病人的平衡能力则是无效的。目前国际上还有一种广泛用于测量老年人动态平衡能力和跌倒评估的方法就是TUG（Timed Up and Go）即坐起行走计时，目前可以看作是老年人跌倒风险评估的"金标准"。瓮长水等人通过对F组和NF组老人进行了TUG、FTSST以及TWT3种功能性移动能力测试，结果显示，3种方法具有高度的相关性（$P<0.001$），其中TUG在评价老年人跌倒的特异性和优势判别性都到达87%。因此，把单脚闭眼站立、步态和坐起行走计时（TUG）测试作为平衡能力的相关测试指标。

（二）感觉功能相关指标及测试方法

有效的姿势控制除了具有产生并且能够维持身体在空间位置的力量能力之外，还必须由神经肌肉系统去协调各部分的力量，保证在一个关节上产生的控制身体平衡和姿态的力量要恰到好处，不能引起身体其他部位的不稳定。通常，神经肌肉系统会协调视觉、触觉、听觉、本体感觉和前庭系统在重力和环境方面的信息输入，可用于精细检测和控制身体在空间的位置和运动。因此，每种感觉都为姿势控制提供了不同的参考框架。

视觉功能主要是利用眼睛感觉物体的形象、色泽、远近和运动状态等信息，在人体运动中具有十分重要的作用。视觉对于运动，特别是姿势控制的影响研究主要是集中在睁眼和闭眼状态下对身体调控能力方面。许多研究证实了闭眼站立时身体的晃动幅度增大，睁闭眼时身体摆动的比率被称为"Romberg系数"。睁闭眼站立测试被广泛用于平衡能力的评价。

　　实践中常采用视力、视野、立体视觉、眼肌平衡和闪光融合频率等生理指标来判断人体的视觉功能。视力（视敏度）是指视觉器官对物体形态的精细分辨能力，以视角大小来表示。视野是指单眼注视正前方不动时所能看到的整个空间范围，可反映视网膜的整体感光能力。本研究选取了视力和视野两个指标作为视觉能力的三级测评指标。

　　听觉是由听觉感受器（螺旋器）、听觉神经核、听觉中枢共同完成，主要是通过传导声波转化为电信号，对声音频率、强度、音质等的分辨过程。听觉对于运动也有一定影响，老年人听力下降会降低执行双任务的姿势控制能力。

　　触觉是当受到轻微的不引起皮肤变形的刺激所产生的感觉。触觉和压觉是皮肤接受机械刺激时产生的感觉，统称触压觉，它能分辨出两点之间的最下距离，成为两点辨别阈，疲劳时两点辨别阈一般会增大，随着年龄的增长老年人的皮肤两点辨别阈也会发生改变，对平衡和下肢姿势控制有一定影响，本研究选择足部两点辨别阈作为触觉的测试指标。

　　前庭觉也称位置觉是指身体在进行各种变速（正、负加速度）运动和重力不平衡时产生的感觉，其感受器包括壶腹嵴、椭圆囊斑与球囊斑。通过前庭迷路反射，反射性调节机体各部位肌肉的肌紧张，从而使机体保持姿势平衡。前庭器官对人体旋转的刺激最为优势判别，在实践中一般选择旋转的方式来观察植物性功能反应，如脉搏、血压等变化来评定前庭器官功能的稳定性；或观察运动性反应，如旋转后检验受试者能否沿直线正常行走；或观察眼震颤的强度、方向、次数以及持续的时间等。除此之外，也可以通过相关的仪器来测量人体在体位改变或旋转后身体的摇摆度，如isway测试。本文选择了旋转测试和坐立转身站立摇摆度作为前庭功能的三级测试指标。

　　本体感觉或称动觉是指位于骨骼肌、肌腱、关节囊和韧带等处的本体感觉神经末梢装置，能感受肌肉张力的变化和环节在关节处的运动方向、速度与幅度等变化的刺激，并将刺激转变为神经冲动，传入大脑皮层相应的感觉中枢，产生身体各部位相对位置和状态的感觉。动觉的两个基本生理特征包括，动觉精确性（kinesthetic acuity）和动觉记忆（kinesthetic memory），动觉精确性是探测区别和匹配特征的能力，如位置、距离、速度、重量等，实践中一般是遮住眼睛的情况下，检测个体对微小重量和肢体位置的精确判断和重复复制能力。本体感觉功能与老年人的姿势控制和跌倒有关。本研究选取了人体上下肢髋、膝、踝、肩、肘5个主要关节的动觉方位测试作为本体感觉的相关测试方法。

（三）认知功能相关指标及测试方法

认知是指通过形成概念、知觉、判断或想象等心理活动来获取知识的过程，即个体思维进行信息处理的心理功能。认知功能包含了人的学习记忆能力、注意能力、空间知觉、定向能力以及决断执行能力。目前多数姿势控制与老年人跌倒方面的研究都是集中在老年人躯体功能减退或外界环境的影响，而认知功能的减退同样也是老年人跌倒的关键因素。研究表明有认知损害的老年人跌倒发生率是正常老年人的两倍。

记忆力低下是阿尔兹海默症（AD）患者的主要特征，即使在患病早期，其认知功能的下降也会减弱老年人对姿势控制的调节能力，使其步速稳定性发生变化，减慢或加快的步速会增加跌倒的风险。故本研究将空间图形判断作为记忆能力的相关测评指标。

注意力是心理活动对一定事物的指向和集中，是有意识的对某种信息进行选择性加工的能力。林清等人研究表明注意力持续性指数与平衡控制能力呈正相关，说明注意力在控制平衡和身体姿势的过程中起到了非常重要的作用。陈秀恩等人对60名老年人进行为期4周的认知注意力、平衡功能双重任务训练，发现在睁眼和闭眼状态下受试者的重心摆幅、轨迹长度、晃动面积都出现了明显改善。研究表明，认知注意力协同平衡功能的双任务训练对老年人跌倒预防有正向作用。

执行决断能力是有额叶调节的一种认知功能，是个体在实现某一特定目标时所使用的灵活而优化的认知神经机制。选择反应时（Choice Reaction Time，CRT）和双任务（Dual Task，DT）是有效反应执行决断能力的有效指标。洛德等人研究发现有跌倒史的老年人与最近一年内无跌倒史的老年人相比，其下肢的选择反应时表现更差。皮恩纳佩尔斯等人研究表明上肢反应时和姿势的不稳定介导选择步态反应时间，可以预测12个月内的跌倒风险。奥尔森·伦丁等人提出"说话时停止步行"这一双任务测试可以作为预测老年人跌倒的一个指标。在执行双任务时，老年人姿势不稳的原因可能是信息资源分配发生竞争性干扰，执行一个任务会暂且延迟对另一个任务的执行。本研究选择双任务测试、反应时和速度知觉测试作为注意能力和执行决断能力的相关测试方法。

定向力在认知语境中指个体对人物、地点、时间和刺激的理解。在姿势控制语境中，它指的是在空间中保持姿势的能力，关系到特定的感觉对比。一般可以通过简易精神状态量表（Minimum Mental State Examination，MMSE）或简式精神状态问卷（SPMSQ）来评估定向力。

知觉是大脑对客观事物的整体直观反映，空间知觉是大脑对事物的空间位置、形状的辨别能力，一般是借助专门的仪器，通过灯光图形等展示条形、块形以及不规则的图形，让受试者通过视觉的刺激来记忆和辨别，考察其辨别速度和准确性来评价其空间知觉能力。本研究选择心理学中的空间知觉实验作为相关测试方法。

（四）老年人姿势控制能力影响因素及测试方法框架

根据梳理大量国内外关于老年人姿势控制、跌倒风险评估、体质健康监测等方面的文献，遵循有关姿势控制的生理学、生物力学以及心理学等学科领域的相关理论，初步制定了老年人姿势控制能力影响因素及测试方法框架，甄选了核心因素和隐含因素影响以及相关测试方法的备选条目，主要包括了运动功能、感觉功能和认知功能3个核心因素和所属的16个隐含因素以及35个相关测试方法（表3-1）。

表3-1 老年人姿势控制能力影响因素及测试方法备选条目

核心因素	隐含因素	测试方法
A 运动功能	A1 力量素质	A1-1 握力测试
	A2 速度素质	A1-2 搬举力测试
	A3 柔韧素质	A1-3 5次坐立测试（FTSST）
	A4 耐力素质	A1-4 站立提踵测试
	A5 灵敏素质	A2-1 10米最大行走速度测试（TWT）
	A6 平衡能力	A2-2 6米倒走速度测试
		A3-1 坐位体前屈测试

（续表）

核心因素	隐含因素	测试方法
		A3-2 立位体前屈测试
		A3-3 双手背勾测试
		A4-1 1000米走测试
		A4-2 2分钟原地踏步测试
		A5-1 手灵敏度测试
		A5-2 脚灵敏度测试
		A5-3 反复侧跨步测试
		A6-1 单脚闭眼站立测试
		A6-2 坐—立行走计时测试（TUG）
		A6-3 步态测试
		A6-4 足底压力测试
B 感觉功能	B1 视觉能力	B1-1 视力（视敏度）测试
	B2 听觉能力	B1-2 视野测试
	B3 触觉能力	B2-1 听力测试
	B4 前庭功能	B3-1 足部皮肤两点辨别阈测试
	B5 本体感觉	B4-1 坐立—转身—站立摇摆度测试
		B4-2 旋转测试
		B5-1 肩关节动觉方位测试
		B5-2 肘关节动觉方位测试
		B5-3 髋关节动觉方位测试
		B5-4 膝关节动觉方位测试
		B5-5 踝关节动觉方位测试
C 认知功能	C1 记忆能力	C1-1 空间图形判断测试
	C2 注意能力	C2-1 选择反应时测试（CRT）
	C3 定向能力	C2-2 双任务测试测试（DT）
	C4 决断能力	C3-1 简易精神状态测试（MMSE）
	C5 空间知觉	C4-1 速度知觉测试
		C5-1 空间知觉测试

三、老年人姿势控制能力影响因素及相关测试方法筛选

（一）调查专家的基本情况

本研究共选取了32位专家进行了调查，有28位专家参与并完成了第一轮问卷的填写，其中有22位专家参与并完成两轮问卷的填写。在两轮调查中，专家的研究领域分布情况为：有12位（7位）运动生物力学研究，占参评专家总数的42.86%（31.81%），有7位（6位）专家从事运动生理学领域研究，占参评专家总数的25%（27.27%），体育保健康复有4位（4位）专家，占参评专家的14.29%（18.18%），临床医疗康复专家5人（5人），占参评专家总数的17.86%（22.73%）。专家的工作单位情况：有20位（16位）专家来自高校，占参评专家总数的71.43%（72.73%），来自体育科研所和医院的专家均为4人（体科所2人，医院4人），分别占参评专家总数的14.29%（9.10%，18.18%）。专家职称及学历情况：具有高级职称的专家21人（15人），占参评专家总数的75%（68.18%），副高级职称的专家7人（7人），占参评专家总数的25%（31.81%）。其中，有22位（19位）专家具有博士学位，占参评专家总数的78.57%（86.36%），硕士学位和学士学位专家分别有3人（硕士2人，本科1人），分别占参评专家的10.71%（9.10%，4.55%）。专家的工作年限情况：有14位（12位）专家工作年限在25年以上（含25年），占参评专家的50%（54.55%），有10位（7位）专家工作年限在15~25年，占参评专家的35.71%（31.81%），工作年限在10~15年的有4人（3人），占参评专家的14.29%（13.64%）。详细情况如表3-2所示。

表3-2 调查专家基本情况一览表

项目类别		第一轮咨询（$n=28$）		第二轮咨询（$n=22$）	
		人数	比例（%）	人数	比例（%）
研究领域	运动生物力学	12	42.86	7	31.81
	运动生理学	7	25.00	6	27.27
	体育保健康复	4	14.29	4	18.18
	临床医疗康复	5	17.86	5	22.73

（续表）

项目类别		第一轮咨询（$n=28$）		第二轮咨询（$n=22$）	
		人数	比例（%）	人数	比例（%）
工作单位	高校	20	71.43	16	72.73
	体科所	4	14.29	2	9.10
	医院	4	14.29	4	18.18
工作年限	10~15年	4	14.29	3	13.64
	15~25年	10	35.71	7	31.81
	25年以上	14	50.00	12	54.55
职称	教授（或相当职称）	21	75.00	15	68.18
	副教授（或相当职称）	7	25.00	7	31.81
学位	博士	22	78.57	19	86.36
	硕士	3	10.71	2	9.10
	学士	3	10.71	1	4.55

（二）专家的积极性系数

专家的积极性系数是指专家对调查方案的积极参与程度，以参与评价的专家数与预定调查专家数的比值来表示，本研究中第一轮参与问卷评价的专家数是28人，预定的调查专家数为32人，则第一轮的专家积极性系数为0.88；第二轮参与问卷评价的专家数是22人，预定的调查专家数为28人，则第一轮的专家积极性系数为0.79（表3-3）。

表3-3 专家积极性系数统计

调查轮次	调查专家总数（n）	参与评价的专家数（n）	专家积极性系数 C_{aj}
第一轮	32	28	0.88
第二轮	28	22	0.79

（三）专家的权威系数

第一轮专家的判断依据系数为0.87，熟悉程度系数为0.84，第一轮专家的权威系数为0.86；第二轮专家的判断依据系数为0.86，熟悉程度系数为0.83，第二轮专家的权威系数为0.84。综合两轮的情况，专家对本研究方案评价的平均权威系数为0.85（表3-4）。

表3-4　专家权威系数统计

调查轮次	判断依据	熟悉程度	专家权威系数 C_R
第一轮	0.87	0.84	0.86
第二轮	0.86	0.83	0.84

（四）专家对影响因素及测试方法的评定

1. 第一轮专家评价结果

（1）老年人姿势控制能力核心因素分析

老年人姿势控制能力核心因素包括运动功能、感觉功能和认知功能，第一轮专家评价均值分别为8.43±0.92分、8.29±0.98分和7.50±1.40分，专家评价的意见集中度分别为8.43、8.29和7.50，均超过$M_j>7$的筛选标准，说明专家对3项一级指标的认可度较高，3个一级指标的专家意见协调度分别为0.11、0.12、0.19，均超过$V_j<0.2$的筛选标准，说明专家对核心因素的评价意见比较集中。见表3-5。

表3-5　核心因素专家意见集中度及协调度（第一轮）

核心因素	专家评分	意见集中度 M_j	意见协调度 V_j
A运动功能	8.43±0.92	8.43	0.11
B感觉功能	8.29±0.98	8.29	0.12
C认知功能	7.50±1.40	7.50	0.19

（2）老年人姿势控制能力隐含因素分析

专家在第一轮中对老年姿势控制能力隐含因素的评分值在5.21～8.93，标准差在0.38～2.06，专家的意见集中度在5.21～8.93，意见协调度在0.04～0.39，其中学习记忆能力的意见集中度最低为5.21，平衡能力的意见集中度最高为8.93，意见协调度为0.04，说明意见协调度最高。根据意见集中度 $M_j > 7$，意见协调度 $V_j < 0.2$ 的筛选标准，隐含因素中的柔韧素质（M_j=6.86，V_j=0.24）、耐力素质（M_j=5.43，V_j=0.38）、听觉能力（M_j=5.64，V_j=0.39）、触觉能力（M_j=6.43，V_j=0.22）、记忆能力（M_j=5.21，V_j=0.34）、定向能力（M_j=6.86，V_j=0.22）将被剔除。决断能力和速度素质的专家意见集中度分别为7.10和7.01，没有达到剔除标准，但专家的意见协调度为0.21和0.24，已达到剔除标准，按照两个标准必须同时满足的筛选要求，该指标暂时保留，进入第二轮评价范围（表3-6）。

表3-6 隐含因素专家意见集中度及协调度（第一轮）

隐含因素	专家评分	意见集中度M_j	意见协调度V_j
A1 力量素质	8.21 ± 0.99	8.21	0.12
A2 速度素质	7.01 ± 1.68	7.01	0.24
A3 柔韧素质	6.86 ± 1.63	6.86	0.24
A4 耐力素质	5.43 ± 2.06	5.43	0.38
A5 灵敏素质	7.21 ± 1.45	7.21	0.20
A6 平衡能力	8.93 ± 0.38	8.93	0.04
B1 视觉能力	8.07 ± 1.27	8.07	0.16
B2 听觉能力	5.64 ± 2.18	5.64	0.39
B3 触觉能力	6.43 ± 1.43	6.43	0.22
B4 前庭功能	8.43 ± 0.92	8.43	0.11
B5 本体感觉	8.36 ± 0.95	8.36	0.11
C1 记忆能力	5.21 ± 1.75	5.21	0.34
C2 注意能力	7.14 ± 1.42	7.14	0.20
C3 定向能力	6.86 ± 1.53	6.86	0.22
C4 决断能力	7.10 ± 1.53	7.10	0.21

（3）老年人姿势控制能力相关测试方法分析：

专家在第一轮中对老年人姿势控制能力相关测试方法的评分值在4.93～8.07，标准差在1.09～3.43，专家的意见集中度在4.93～8.07，意见协调度在0.14～0.68。根据意见集中度$M_j>7$，意见协调度$V_j<0.2$的筛选标准，相关测试方法中的握力（M_j=5.29，V_j=0.43）、搬举力（M_j=5.07，V_j=0.42）、站立提踵（M_j=6.00，V_j=0.28）、6米倒走（M_j=6.14，V_j=0.22）、坐位体前屈（M_j=6.29，V_j=0.26）、立位体前屈（M_j=6.50，V_j=0.26）、双手背勾（M_j=5.21，V_j=0.28）、1000米走（M_j=4.93，V_j=0.41）、2分钟原地踏步（M_j=6.14，V_j=0.29）、手灵敏度（M_j=5.71，V_j=0.30）、视野（M_j=6.70，V_j=0.26）、听力（M_j=5.29，V_j=0.43）、足部皮肤两点辨别阈（M_j=5.64，V_j=0.27）、旋转测试（M_j=6.79，V_j=0.27）、肩关节动觉方位（M_j=6.07，V_j=0.35）、肘关节动觉方位（M_j=5.86，V_j=0.40）、空间图形判断（M_j=6.36，V_j=0.31）、简易精神状态量表（M_j=6.07，V_j=0.37）等测试方法将被剔除。专家对选择反应时、反复侧跨步和髋关节动觉方位的测试方法意见集中度分别为7.36、7.00、7.50，没有达到剔除标准，但专家的意见协调度分别为0.22、0.22、0.21，达到剔除标准，按照两个标准必须同时满足的筛选要求，该测试方法暂时保留，进入第二轮评价范围（表3-7）。

表3-7 相关测试方法的专家意见集中度及协调度（第一轮）

测试方法	专家评分	意见集中度M_j	意见协调度V_j
A1-1 握力测试	5.29 ± 2.29	5.29	0.43
A1-2 搬举力测试	5.07 ± 2.14	5.07	0.42
A1-3 5次坐立（FTSST）测试	7.64 ± 1.09	7.64	0.14
A1-4 站立提踵测试	6.00 ± 1.67	6.00	0.28
A2-1 10米最大步行速度（TWT）测试	7.07 ± 1.42	7.07	0.20
A2-2 6米倒走测试	6.14 ± 1.38	6.14	0.22
A3-1 坐位体前屈测试	6.29 ± 1.65	6.29	0.26
A3-2 立位体前屈测试	6.50 ± 1.69	6.50	0.26
A3-3 双手背勾测试	5.21 ± 1.47	5.21	0.28

(续表)

测试方法	专家评分	意见集中度M_j	意见协调度V_j
A4-1 1000米走测试	4.93 ± 2.00	4.93	0.41
A4-2 2分钟原地踏步测试	6.14 ± 1.76	6.14	0.29
A5-1 手灵敏度测试	5.71 ± 1.74	5.71	0.30
A5-2 脚灵敏度测试	7.29 ± 1.41	7.29	0.19
A5-3 反复侧跨步测试	7.00 ± 1.54	7.00	0.22
A6-1 单脚闭眼站立测试	7.36 ± 1.44	7.36	0.19
A6-2 坐—立行走计时（TUG）测试	7.71 ± 1.46	7.71	0.19
A6-3 步态测试	8.07 ± 1.15	8.07	0.14
A6-4 足底压力测试	7.29 ± 1.41	7.29	0.19
B1-1 视力（视敏度）测试	7.50 ± 1.29	7.50	0.17
B1-2 视野测试	6.70 ± 1.75	6.70	0.26
B2-1 听力测试	5.29 ± 2.29	5.29	0.43
B3-1 足部皮肤两点辨别阈测试	5.64 ± 1.54	5.64	0.27
B4-1 坐立—转身—站立摇摆度测试	7.00 ± 1.41	7.00	0.20
B4-2 旋转测试	6.79 ± 1.83	6.79	0.27
B5-1 肩关节动觉方位测试	6.07 ± 2.14	6.07	0.35
B5-2 肘关节动觉方位测试	5.86 ± 2.34	5.86	0.40
B5-3 髋关节动觉方位测试	7.50 ± 1.60	7.50	0.21
B5-4 膝关节动觉方位测试	7.71 ± 1.36	7.71	0.16
B5-5 踝关节动觉方位测试	7.93 ± 1.39	7.93	0.17
C1-1 空间图形判断测试	6.36 ± 1.97	6.36	0.31
C2-1 选择反应时（CRT）测试	7.36 ± 1.64	7.36	0.22
C2-2 双任务（DT）测试	7.00 ± 1.40	7.00	0.20
C3-1 简易精神状态量表测试	6.07 ± 2.28	6.07	0.37
C4-1 速度知觉测试	7.07 ± 1.43	7.07	0.20
C5-1 空间知觉测试	7.29 ± 1.41	7.00	0.19

（4）第一轮筛选结果

经过第一轮专家对老年人姿势控制相关因素及测试方法的评价，根据剔除标准进行筛选，共有3个核心因素，10个隐含因素和16个测试方法予以保留，进入第二轮继续进行专家评价。具体因素及测试方法保留情况如表3-8所示。

表3-8　老年人姿势控制能力相关因素及测试方法（第一轮筛选结果）

核心因素	隐含因素	测试方法
A 运动功能	A1 力量素质	A1-3 5次坐立（FTSST）测试
	A2 速度素质	A2-1 10米最大行走速度测试
	A5 灵敏素质	A5-2 脚灵敏度测试
	A6 平衡能力	A5-3 反复侧跨步测试
		A6-1 单脚闭眼站立测试
		A6-2 坐—立行走计时（TUG）测试
		A6-3 步态测试
B 感觉功能	B1 视觉能力	B1-1 视力（视敏度）测试
	B4 前庭功能	B4-1 坐立—转身—站立摇摆度测试
	B5 本体感觉	B5-3 髋关节动觉方位测试
		B5-4 膝关节动觉方位测试
		B5-5 踝关节动觉方位测试
C 认知功能	C2 注意能力	C2-1 选择反应时（CRT）测试
	C4 决断能力	C2-2 双任务（DT）测试
	C5 空间知觉	C4-1 速度知觉测试
		C5-1 空间知觉测试

2. 第二轮专家评价结果

（1）老年人姿势控制能力核心因素分析

第二轮评价中，专家对运动功能、感觉功能、认知功能3个核心因素的评分平均值分别为：8.80±0.62分、8.58±0.82分、7.10±1.45分。对3个指标的评价意见集中度分别为8.80、8.58、7.10，意见协调度分别为0.07、0.10、0.20。从意见集中度和协调度来看，专家对老年人姿势控制能力中运动功能和感觉功能的认可度较高，而对认知功能的认可度偏低（见表3-9）。

表3-9 核心因素专家意见集中度及协调度（第二轮）

核心因素	专家评分（$\bar{X}$）	标准差（S）	意见集中度M_j	意见协调度V_j
A 运动功能	8.80	0.62	8.80	0.07
B 感觉功能	8.58	0.82	8.58	0.10
C 认知功能	7.10	1.45	7.10	0.20

（2）老年人姿势控制能力隐含因素分析

第二轮评价中，隐含因素中力量素质（M_j=8.40，V_j=0.11）、速度素质（M_j=7.30，V_j=0.20）、灵敏素质（M_j=7.80，V_j=0.15）、平衡能力（M_j=8.70，V_j=0.08）、视觉能力（M_j=7.70，V_j=0.15）、前庭功能（M_j=8.20，V_j=0.15）、本体感觉（M_j=8.40，V_j=0.14）、注意能力（M_j=7.71，V_j=0.19）、决断能力（M_j=7.10，V_j=0.20）均达到保留的筛选标准，将予以保留。空间知觉（M_j=6.70，V_j=0.26）按照筛选标准将予以剔除（表3-10）。

表3-10 隐含因素专家意见集中度及协调度（第二轮）

隐含因素	专家评分	意见集中度M_j	意见协调度V_j
A1 力量素质	8.40 ± 0.94	8.40	0.11
A2 速度素质	7.30 ± 1.49	7.30	0.20
A5 灵敏素质	7.80 ± 1.20	7.80	0.15
A6 平衡能力	8.70 ± 0.73	8.70	0.08
B1 视觉能力	7.70 ± 1.17	7.70	0.15
B4 前庭功能	8.20 ± 1.20	8.20	0.15
B5 本体感觉	8.40 ± 1.14	8.40	0.14
C2 注意能力	7.71 ± 1.46	7.71	0.19
C4 决断能力	7.10 ± 1.40	7.10	0.20
C5 空间知觉	6.70 ± 1.75	6.70	0.26

（3）老年人姿势控制能力相关测试方法分析

第二轮专家评价，相关测试方法中的5次坐立（M_j=7.50，V_j=0.18）、10米最大步行速度（M_j=7.30，V_j=0.19）、脚灵敏度（M_j=7.90，V_j=0.17）、单脚闭眼站立（M_j=8.07，V_j=0.16）、坐—立行走计时（M_j=8.00，V_j=0.14）、步态（M_j=8.47，V_j=0.12）、视敏度（视力）（M_j=7.80，V_j=0.20）、坐立—转身—站立摇摆度（M_j=7.30，V_j=0.20）、髋关节动觉方位（M_j=7.90，V_j=0.15）、膝关节动觉方位（M_j=7.70，V_j=0.15）、踝关节动觉方位（M_j=7.70，V_j=0.17）、选择反应时（M_j=7.93，V_j=0.17）、双任务（M_j=7.79，V_j=0.20）、速度知觉（M_j=7.30，V_j=0.13）等测试方法均达到保留的筛选标准，将予以保留。空间知觉测试（M_j=6.86，V_j=0.25）和反复侧跨步（M_j=6.79，V_j=0.27）两种测试方法按照筛选标准将予以剔除（表3-11）。

表3-11 相关测试方法专家意见集中度及协调度（第二轮）

测试方法	专家评分	意见集中度M_j	意见协调度V_j
A1-3 5次坐立（FTSST）测试	7.50±1.32	7.50	0.18
A2-1 10米最大步行速度测试	7.30±1.42	7.30	0.19
A5-2 脚灵敏度测试	7.90±1.37	7.90	0.17
A5-3 反复侧跨步测试	6.79±1.83	6.79	0.27
A6-1 单脚闭眼站立测试	8.07±1.27	8.07	0.16
A6-2 坐—立行走计时（TUG）测试	8.00±1.15	8.00	0.14
A6-3 步态测试	8.47±1.05	8.47	0.12
B1-1 视力（视敏度）测试	7.80±1.58	7.80	0.20
B4-1 坐立—转身—站立摇摆度测试	7.30±1.49	7.30	0.20
B5-3 髋关节动觉方位测试	7.90±1.21	7.90	0.15
B5-4 膝关节动觉方位测试	7.70±1.17	7.70	0.15
B5-5 踝关节动觉方位测试	7.70±1.34	7.70	0.17
C2-1 选择反应时（CRT）测试	7.93±1.39	7.93	0.17
C2-2 双任务（DT）测试	7.79±1.57	7.79	0.20
C4-1 速度知觉测试	7.30±0.98	7.30	0.13
C5-1 空间知觉测试	6.86±1.72	6.86	0.25

（4）第二轮筛选结果

专家结合第一轮汇总的评价反馈结果，对老年人姿势控制能力影响因素及相关测试方法进行了第二轮的问卷评价，有2个隐含因素和3种测试方法未满足保留标准被剔除，共有3个核心因素，9个隐含因素和14种测试方法予以保留。保留测试项目中专家意见集中度在7.30~8.47，专家意见协调度在0.12~0.20，较好的反应了专家对老年人姿势控制能力相关测试方法的意见情况。

（五）老年人姿势控制能力影响因素及相关测试方法体系的确立

汇总两轮的专家评价意见，结合与专家单独沟通获取的有效信息，并就一些争议指标进行反复的交流与意见反馈，最终有3个核心因素：运动功能、感觉功能和认知功能；9个隐含因素：力量素质、速度素质、灵敏素质、平衡能力、视觉能力、前庭功能、本体感觉、注意能力以及决断能力；14种相关测试方法：5次坐立（FTSST）、10米最大行走速度、脚灵敏度、单脚闭眼站立、坐—立行走计时（TUG）、步态、视力（视敏度）、坐立—转身—站立摇摆度、髋膝踝关节动觉方位、选择反应时、双任务、速度知觉通过筛选保留，最终初步形成老年人姿势控制能力影响因素及相关测试方法体系（表3-12）。

表3-12　老年人姿势控制能力影响及相关测试方法体系

核心因素	隐含因素	测试方法
A 运动功能	A1 力量素质	A1-3 5次坐立（FTSST）测试
	A2 速度素质	A2-1 10米最大行走速度测试
	A5 灵敏素质	A5-2 脚灵敏度测试
	A6 平衡能力	A6-1 单脚闭眼站立测试
		A6-2 坐—立行走计时（TUG）测试
		A6-3 步态测试

（续表）

核心因素	隐含因素	测试方法
B 感觉功能	B1 视觉能力	B1-1 视力（视敏度）测试
	B4 前庭功能	B4-1 坐立—转身—站立摇摆度测试
	B5 本体感觉	B5-3 髋关节动觉方位测试
		B5-4 膝关节动觉方位测试
		B5-5 踝关节动觉方位测试
C 认知功能	C2 注意能力	C2-1 选择反应时（CRT）测试
	C4 决断能力	C2-2 双任务（DT）测试
		C4-1 速度知觉测试

第三节　老年人跌倒相关姿势控制能力测试方法分析

一、专家的代表性分析

通过汇集专家经验，来为某方案提供科学而客观地评定，评定结果的可靠性与所选择专家的代表性有直接的关系。专家的选择标准一般要根据研究的目的及需要解决的问题来合理制订。首先，一般来讲专家是指在某一个领域从事10年以上的理论和实践工作。其次，要在本领域内有较高声望和一定知名度，研究基础较为丰富，有较强的理论和实践经验。也要根据研究的内容选择交叉学科领域或相近学科领域的专家。最后，专家的数量要根据研究的内容合理确定，人数太少可能会限制学科的代表性或会影响评价的精度，人数太多，难以组织，对结果的处理也会过于复杂，一般以10~50人为宜，并且有研究表明，专家人数增多某种程度上可以提高评价结果的精度，但专家人数达到15人以上，再增加人数对评价结果的影响较小。本研究主要是围绕老年人姿势控制相关的影响因素及测试方法进行专家调查，前期利用在美国威奇托州立大学访学的机会，根据本课题研究方向联系的导师罗杰斯·迈克尔教授，他多年从事老年人跌倒与防护研究，积累了丰富的经验，就本课题的选题及相关指标测试方法给予了详细指导。另外，杨上游教授在美学习期间就实验操作方法提出了很多宝贵的意见和建议。共有32位专家参与本研究，其中有22位专家参与了全部两轮的问卷评价，专家的研究领域涉及运动生物力学（42.68%/31.81%）、运动生理学（25%/27.27%）、体育保健康复（14.29%/18.18%）和老年临床医学（17.86%/22.73%）等多个交叉学科，有力于从多维度、多视角对老年人姿势控制的影响因素、评价指标及测试方法进行客观评价。所有专家均具有高级职称，约80%具有博士学位，多数工作年限都在20年以上，具有丰富的专业理论知识和实践工作经验，对本领域的研究内容也较为熟悉，符合研究样本的需要，说明本研究选取的专家具有较高的代表性。

二、专家的积极性与权威性分析

专家参与的积极性系数是以实际参与评价的专家数和预定调查的专家数的比值。积极性系数的高低反应了专家对研究方案的关注程度，对研究问题的评价结果有一定影响。也有研究根据调查问卷的回收率来表示专家的积极性，一般认为专家调查的问卷回收率能够达到50%~60%就可以满足研究的需要，能达到70%以上的回收率就是非常理想的状态了。本研究采用了一种新的问卷调查方式，利用手机微信"问卷星"客户端创建问卷，通过与专家取得联系，将专家加为好友，能够方便快捷地与每个专家进行信息交流与反馈，大幅提升了问卷调查的效率和回收率。首先，将课题研究的目的、意义及相关背景材料与专家通过手机微信进行交流，然后将问卷链接发给专家，专家可以在手机端接收并直接打开链接填写问卷，随后一周内通过微信给专家提醒。第一轮问卷共发放给32位专家，最终有28位专家填写了问卷，经过对第一轮问卷的统计结果并汇总部分专家的意见，制订了第二轮问卷，将问卷通过微信发放给第一轮参与评价的28位专家，并通过微信提醒。最终有22位专家填写了问卷。尽管第二轮参与评价的专家人数有所下降，但综合两轮问卷回收情况，专家参与的积极性系数平均达到0.84，处于非常理想的状态，能够满足统计学的推论所需要的样本数量。说明专家认同本论文的研究价值及实践意义，表现出较高的参与积极性。

专家的权威程度一般是由两个因素决定的，一是专家对方案所进行判断的依据；二是专家对问题的熟悉程度。因为在对复杂的问题进行综合评价时，需要综合所有评价者的意见，以便提高对评价结果的准确性和可靠性，但由于受专家的知识结构、学科领域和实践经验的不同，不可能每一个专家对预测中的每一问题都是权威的，而专家对评价方案的权威程度，对评价的可靠性有较大的影响，因此在对评价结果进行处理时，常常要考虑专家对某一问题的权威程度。目前，专家权威性的确定有主观法、客观法和主客观相结合的方法。参照Delphi法中权威程度计算方法，权威系数等于判断系数和熟悉程度系数的算术平均值，即：$CR=(Ca+Cs)/2$。权威系数的取值范围一般在0~0.95，通常认为专家权威系数在0.7以上已是非常理想了。专家的判断系数，即对问题的判断依据，一般是从专家的理论知识、实践经验以及对国内外研究现状的了解等方面作为依据，本研究以专家在该领域的工作年限为依据赋值，随着工作年限的增加专家的理论知识及实践经验积累会增加，参加学术会议或从事课题研究的数量也会增加，因此可以把工作年限作为衡量专家对问题的判断依据。工作年限10~15年赋值"0.5"，15~25年赋值"0.8"，25年以上赋值"1"。Cs表示专家对问题的熟悉程度，按照"熟悉、比较熟悉、一般、不太熟悉、不熟悉"分别赋值"1、0.8、0.5、0.3、0.1"。根据对专家的评判系数和熟悉程度系数进行计算，本研究两轮问卷中专家的平均权威系数为0.85，处于较高水平，说明专家对本领域的研究较为熟悉，评价信息的可靠性较强。

三、测试方法的筛选过程分析

本研究主要是涉及老年人姿势控制能力和跌倒风险评估，老年人跌倒问题已成为全球人口老龄化背景下的一个研究热点。其实，国外文献中老年人跌倒的研究从20世纪80年代就已经非常广泛，在该领域涌现出马蒂亚斯、伯格、蒂内蒂、梅基等大批著名的学者，也研究推出了一系列具有代表性的科研成果，比如"计时起跳（TUG）""伯格平衡量表（BBS）""绩效导向流动性评估（POMA）""5次坐立测试（FTSST）"等经典的测试方法，这些方法目前还作为老年人跌倒评估中最有效的工具，但由于老年人跌倒的影响因素颇多，跌倒的机制非常复杂，所以，目前还没有公认的跌倒评估"金标准"。姿势控制能力是影响跌倒最核心的内在因素，关于姿势和平衡的控制问题很多学者进行过广泛的研究，在努力地探索姿势控制的机制及其姿势控制系统概念模式，但目前从姿势控制能力和测试方法进行体系规范的研究还很少见。以往的研究多是按照研究者自己的想法去设计实验，选用的评价老年人姿势控制能力或跌倒评价的指标、测试方法普遍较为随意，或是沿用他人，或是根据个人对问题的认识程度选用，这种选择实验测试的方法存在较大的主观性，这往往会带来研究结论的片面性。究竟选用哪种方法？测试哪些指标更能有效评价老年人姿势控制能力？这是非常值得思考和研究的课题。

姿势控制是要控制身体在空间位置达到稳定性和方向性的目的，这就要求肌肉骨骼和神经系统之间进行复杂的相互作用，形成一个肌肉神经协调、个体感觉、预期调控等综合的姿势控制系统。姿势控制不是由简单的单一系统完成的，它是有多种系统相互作用的表现。本研究主要是基于姿势控制进行的老年人跌倒风险评估研究，所以合理选取老年人姿势控制能力的相关测试方法是非常关键的。因此，本研究通过专家调查的方式，利用相关领域专家的经验和客观评价，选择科学、合理、可靠的姿势控制相关测试方法，利用这些专家筛选出来的方法进行实验测试，所获取的不同跌倒风险老年人的姿势控制能力的数据指标，用来统计分析并建立相应的跌倒评价模型才能更具有说服力。前期，在查阅大量文献资料的基础上，通过与国内外本领域的专家进行咨询访谈，形成一个由3个核心因素、16个隐含因素以及35种相关测试方法组成的条目池。并基于此编写了专家调查问卷。通过手机APP"问卷星"在微信平台进行问卷的发放与回收，共进行了两轮次的专家问卷调查，问卷发出后，进行电话提醒与追访，并与部分专家进行多次微信交流，反馈问卷相关问题。

第一轮专家评价结果表明，老年人姿势控制能力的核心因素中，专家对运动功能的认可度最高，意见集中度达到8.43，其次是对感觉功能的认可度也比较高，意见集中度达到8.29，但是对认知功能的认可度相对较低，意见集中度只有7.5，究其原因，以往关于姿势控制能力的研究内容多数是集中在肌力、平衡等对姿势的影响方面，而关于认知对姿势控制的研究相对较少，目前，随着人们对神经系统研究的不断深入，关于认知与双任务对姿势控制的影响研究越来越多。所以认知能力也是评价老年人姿势控制能力的一项不可缺少的指标。根据专家意见协调度的计算，3个因素都达到了保留的筛选标准。隐含因素中的力量素质（$M_j=8.21$，$V_j=0.12$）、灵敏素质（$M_j=7.21$，$V_j=0.20$）、平衡能力（$M_j=8.93$，$V_j=0.04$）、视觉能力（$M_j=8.07$，$V_j=0.16$）、前庭功能

（M_j=8.43，V_j=0.11）、本体感觉（M_j=8.36，V_j=0.11）、注意能力（M_j=7.14，V_j=0.20）、空间知觉（M_j=7.30，V_j=0.20）根据专家的意见集中度和意见协调度均达到了保留的筛选标准。其中意见集中度较高的是平衡能力、力量素质、前庭功能和本体感觉4个因素。决断能力和速度素质的专家意见集中度分别为7.10和7.01，没有达到剔除标准，但专家的意见协调度分别为0.21和0.24，说明不同的专家对这两个指标的评判存在分歧，故保留进入第二轮评价范围。相关测试方法中有13项专家的意见集中度和意见协调度均达到保留的筛选标准，有17项专家的意见集中度和意见协调度均未达到保留的筛选标准，故将其剔除，足底压力测试尽管专家的意见集中度很高，但一半以上的专家建议将足底压力测试归并到步态测试，因为一般来讲步态分析主要包括运动学和动力学两方面的测试，故删除足底压力测试。另外，反复侧跨步（M_j=7.00，V_j=0.22）、选择反应时（M_j=7.36，V_j=0.22）、髋关节动觉方位（M_j=7.50，V_j=0.21）专家评判存在分歧，故保留进入第二轮评价范围。

第二轮专家评价结果表明，运动功能、感觉功能和认知功能3个核心因素与第一轮意见集中度和意见协调度基本一致。第二轮中专家评价意见分歧的隐含因素是速度素质和决断能力，在第二轮评价中空间知觉（M_j=6.70，V_j=0.26）未达到意见集中度M_j>7，意见协调度V_j<0.2的保留筛选标准，故将其剔除。而速度素质（M_j=7.30，V_j=0.20）和决断能力（M_j=7.10，V_j=0.20）专家评价集中度均达到了保留的筛选标准。因此，共有9个隐含因素予以保留。相关测试方法中空间知觉测试（M_j=6.86，V_j=0.25）和反复侧跨步测试（M_j=6.79，V_j=0.27）均未达到意见集中度M_j>7，意见协调度V_j<0.2的保留筛选标准将予以剔除。最终，共有14种相关测试方法予以保留。

小　结

（1）根据姿势控制的相关理论结合大量的文献分析，选取相关性、可靠性高的因素及典型的相关测试方法，并充分考虑老年人的身体功能特点，形成较为全面的关于老年人姿势控制能力影响因素及相关测试方法的专家调查问卷。

（2）选取的专家研究领域分布合理，符合老年人姿势控制理论所涉及的交叉学科要求；专家的职称和学历层次较高，并且多数在各自的研究领域有一

第三章 老年人姿势控制能力测试方案优选

定的知名度，具有较高的代表性和权威性；两轮调查专家的积极性和总体评价意见集中度较高，协调性较强。

（3）按照筛选原则，经过两轮专家问卷评价筛选出运动功能、感觉功能和认知功能3个核心因素，以及力量素质、速度素质、灵敏素质、平衡能力、视觉能力、前庭功能、本体感觉、注意能力以及决断能力9个隐含因素。筛选出5次坐立（FTSST）、10米最大行走速度、脚灵敏度、单脚闭眼站立、坐—立行走计时（TUG）、步态、视力（视敏度）、坐立—转身—站立摇摆度、髋膝踝关节动觉方位、选择反应时（CRT）、双任务（DT）、速度知觉测试14种相关测试方法。形成能够较为全面反映老年人姿势控制能力的测试方法体系。

第四章 老年人跌倒相关姿势控制能力指标测量与优势判别指标筛选

本部分主要是获取数据并解决数据降维问题，通过相关仪器设备采集了大量的有关老年人姿势控制能力的数据参数，这些数据信息中隐含了与跌倒事件密切相关的优势判别指标，当然也有大量相关性较弱的冗余数据混杂在其中。本部分要用统计学的方法结合指标的专业解释，进行变量的筛选，首先是以跌倒史（跌倒=0，非跌倒=1）为分组量，采用独立样本 t 检验的方法，对组间的差异性指标进行提取，然后采用逐步判别和典型判别分析相结合，对差异性显著的指标变量进行判别分析。判别分析是一种应用性很强的数据归类统计方法，当存在已经分好类别的样本数据信息，它能够根据已掌握的、历史上每个类别的若干样本的数据信息，总结出客观的分类规律，建立分类判别公式和准则，并对研究对象的具体归属做出判断，根据判别公式的函数系数，可以判断判别公式中相关变量的重要程度，这些变量即可以确定为影响应因变量的优势判别指标。在对数据进行典型判别时，对一些无关信息或干扰信息不能有效筛选，所以对于变量较多的判别分析中，一般先进行逐步判别的方法，采用有进有出的算法，对每一步均进行检验，将判别能力最强的变量引入判别式，将判别能力较弱的变量剔除，从而得到优势判别变量。本部分优势判别指标的筛选，解决了接下来BP神经网络输入层变量数目过多的问题，为精简优化网络模型、提高神经网络的训练效率及预测效果奠定基础。

第一节　研究方案设计与实施

一、研究对象

本研究是在某市居民社区和老年公寓采用随机抽样的方式,将60岁以上的老年人作为研究对象的抽样范围。在正式研究之前,通过与部分社区管委会和老年公寓管理人员协调,以老年人健康公益活动为主题进行了老年人跌倒及相关健康知识的科普义务讲座。研究对象的纳入标准:①年龄≥60岁;②能够理解测试要求,并配合完成实验测试的每项工作;③知情同意自愿参加。排除标准:①有明显影响姿势控制的创伤和疾病;②正在服用神经松弛剂、支气管治疗剂或抗抑郁药物;③不能独立完成实验测试;④声明不愿参与研究。最终本研究共招募研究对象300名。受试者根据预约时间分批进行集中测试,测试前给予简易脉搏、血压、问询等健康检查,并填写知情同意书。安排专人进行当面调查跌倒状况、服用药物、吸烟史、饮酒史以及锻炼情况等详细信息,通过代填问卷的形式进行详细记录。在跌倒史的调查中,严格按照本研究跌倒的定义界定,即身体非故意的跌倒在地面、地板等较低水平支持面上,但意外冲撞、较大障碍物绊倒、严重光滑接触面跌倒、急性疾病发作导致的跌倒排除在外。把在既往12个月中跌倒过一次及以上的老年人定义为F组。共有289名老年人参加了测试,测试后剔除数据不全或数据异常者共5名,最终保留284例有效研究样本,年龄在60~88岁,年龄为73±6.35岁,并根据既往跌倒史的调查结果分为F(Faller)和NF(Non-Faller)组,简称F组和NF组。所有受试者都是在知情自愿的前提下参加测试,实验测试中有专人进行安全保护,所有受试者在测试期间,身体健康状况良好,行动均无受限,均能独立完成所规定的测试任务。

测试完成后,所有284个有效样本的测试数据用于跌倒优势判别指标的筛选,并随机抽取部分样本($n=84$)进行6个月定期随访,询问并记录跌倒的发生情况。其余样本($n=200$)用于BP神经网络模型的训练。

二、研究方法

（一）调查法

通过问卷的形式向受试者进行调查，有专门的测试人员就问卷内容逐项进行口头咨询并代填问卷。主要涉及受试者姓名、性别、年龄/出生日期、受教育程度、家庭住址、电话、病史、精神认知状况、服用药物、吸烟饮酒、既往12个月的跌倒史（包括跌倒次数、原因及致伤情况等）、体育锻炼情况等（见附录Ⅵ）。填写完问卷后，要初步讲解实验测试的项目、流程及注意事项，在受试者自愿的情况下签署知情同意书（见附录Ⅴ）。

（二）实验法

1. 基本形态测试

测试器材：身高计、电子体重计、Inbody体成分测量仪（韩国）。

测试方法：受试者脱鞋测试身高（cm）、体重（kg）。

身体质量指数（BMI）测试时把电脑和测试主机连接好，打开软件，输入受试者信息，受试者脱掉鞋、袜，按照足形电极的形状踩在测试台的电极上，双侧足跟向后靠牢原点，握住手柄，大拇指按住手柄上部，手臂伸直，张开约15°，测试过程中不要说话和移动，整个过程约需要60秒。测试结束，记录受试者BMI数值。

2. 运动功能测试

（1）力量、速度、灵敏素质测试

① 5次坐立测试（Five times sit-to-stand test，FTSST）。

测试器材：无扶手木质座椅（椅子高度46cm，深度28.5cm），秒表。

测试方法：受试者穿着舒适的运动鞋或平底鞋，坐在椅子上，双脚着地，双手交叉置于胸前，背部靠紧椅背，测试之前进行口头说明："当听到开始的口令，请以尽可能快的速度连续完成5次站立—坐下测试，每次站起要让膝关节完全伸直，坐下要靠紧椅背"。最后一次受试者后背触及椅背结束计时，记录受试者完成5次坐起的总时间，每个受试者测试3次，中间休息1分钟，最后取3次测试的平均值进行分析。

② 10米最大行走速度测试（Timed 10-meter walk test，TWT）。

测试器材：秒表、卷尺、锥形桶。

测试方法：在直线距离为16米的平地上选择起点，然后丈量3米点和13米点分别放置一个锥形桶作为标志物。受试者从起点到3米点作为加速区。要求穿着舒适的步行鞋或运动鞋，如果需要可以使用行走辅助器械，当受试者从起点听到"开始"口令后，以最快的速度从起点走到终点，当受试者行至3米点标志物时开始计时，行至13米标志物时结束计时，记录时间，精确到0.1秒，最大步行速度以米/秒（m/s）计算，每位受试者测试3次，以最快的一次作为最终的分析数据。

③ 脚灵敏度测试。

测试器材：BD-Ⅱ-311型脚踏频率测试仪。

测试方法：将两个脚踏板连接到计数主机上，让受试者坐在椅子上，脚踏板放置在双脚下。测试者设定"定时时间"，本实验定时时间为30秒，按"启动"键同时发出开始指令，受试者以尽可能快的速度双脚交替踩踏踏板，要求双脚必须抬起一定幅度，否则不予计数。每位受试者进行2次测试，中间休息1分钟，以脚踏次数多的一次作为脚的灵敏度数据进行分析。

（2）平衡能力测试

① 坐—立行走计时（TUG/iTUG）动态平衡测试。

测试器材：T.Mobility Lab 人体机能测评系统（美国）、秒表、标准的带扶手椅子（高度大约46cm）。

坐—立行走计时（TUG）测试方法：受试者在带扶手的椅子上从坐姿开始，站起行走到3米标志线处，转身走回并坐在椅子上。要求受试者穿着舒适的步行鞋或运动鞋，如有需要可以使用行走辅助器械，不能由他人协助行走。开始坐姿要求靠到椅背，双手放在扶手上，当听到"开始"口令后，受试者站起来以舒适和安全的步伐走到3米标志线，转身，回到椅子上坐下，当背部触及椅背计时结束。精确到0.1秒，每位受试者测试3次，取平均值作为最终时间进行分析。

改良坐—立行走计时（iTUG）测试方法：受试者的操作要求与传统TUG相同，不同之处：一是iTUG测试采用的是7米的距离（图4-1）；二是受试者的胸部、腰部、手腕、脚踝处都佩戴了六个监测器（图4-2，图4-3）。每一个监测器都是由一个三轴加速度计、三轴陀螺仪、三轴磁力计和一个温度传感器组成。配有一个集成坞（Docking Station），可以将6个监测器集中放置进行同步设置。无线数据接收器（Access Point），可同时接收6个监测器射的信号。系统配有Mobility Lab Software数据分析软件（图4-4）。iTUG测试指标（表4-1）。

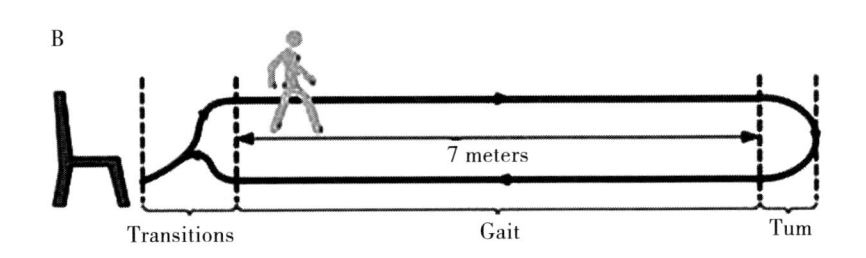

图4-1　iTUG测试路径示意图

图4-2　监测器佩戴示意图　　图4-3　各部位的监测器

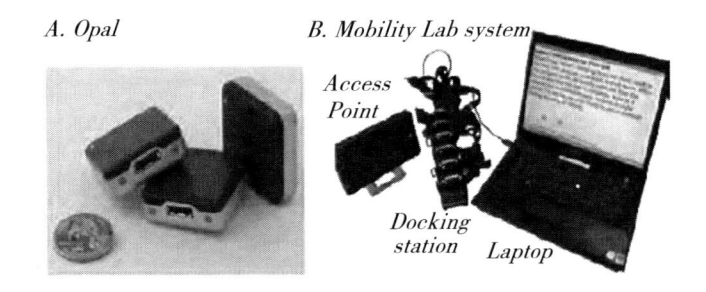

图4-4　数据采集分析系统

第四章 老年人跌倒相关姿势控制能力指标测量与优势判别指标筛选

表4-1 动态平衡iTUG测试指标一览表

动作划分	中文名称	英文缩略	单位	含义
坐—立	总时间	TD	s	7米坐—立行走总时间
	站起时间	STSD	s	坐—立时间
	坐立躯干峰值角速度	STSPV	°/s	坐—立躯干矢状面的峰值角速度
	坐立躯干活动范围	STSROM	°	坐—立躯干矢状面的活动范围
步行	步长/身高	SL	%stature	左右平均步长的身高标准化
	步速/身高	SV	%stature/s	左右侧平均步速的身高标准化
	步频	CD	steps/min	每分钟的步数
	步态周期	GCT	s	完整的步态周期时间
	双支撑时间	DS	%	双脚着地时间的百分比
	摆动时间	SW	%	单脚离地摆动时间的百分比
	单支撑时间	ST	%	单脚着地支撑时间的百分比
	小腿活动度	ROMS	°	左右侧小腿的平均活动范围
	膝活动度	ROMK	°	左右侧膝关节的平均活动范围
	臂活动度	ROMA	°	左右侧手臂的平均活动范围
	躯干活动度（矢状面）	ROMTS	°	躯干矢状面的活动范围
	躯干活动度（水平面）	ROMTH	°	躯干水平面的活动范围
	躯干活动度（额状面）	ROMTF	°	躯干额状面的活动范围
	躯干峰值角速度（矢状面）	PTVS	°/s	躯干矢状面的峰值角速度
	躯干峰值角速度（水平面）	PTVH	°/s	躯干水平面的峰值角速度
	躯干峰值角速度（额状面）	PTVF	°/s	躯干额状面的峰值角速度
转身	转身时间	DUR	s	转身180°的持续时间
	转身步数	NOS	steps	转身180°所需要的步数
	转身躯干峰值角速度	PV	°/s	转身180°躯干峰值角度
	转身每步平均时间	TST	s	转身180°每一步所用平均时间
转身—坐	转身—坐时间	TTSD	s	转身180°到坐下所用的时间
	转身—坐躯干峰值角速度	TTSPV	°/s	转身到坐下躯干峰值角速度
	转身—坐躯干的活动范围	TTSROM	°	转身到坐下躯干矢状面活动范围

69

② 闭眼单脚站立静平衡测试。

测试器材：电子闭眼单脚站立测试仪（健民牌国民体质监测仪器）。

测试方法：测试者按"启动"键开始后，显示屏上出现闪烁信号，蜂鸣器发出声响，表明测试仪进入工作状态。受试者用惯用支撑脚站在中间踏板上，另一只脚站在周边踏板上，双手叉腰，两名测试人员做好保护。显示屏上显示"0"，同时蜂鸣器发出声响，听到"开始"指令，受试者闭眼，抬起周边踏板上的脚时，蜂鸣器停止发声，此时测试自动开始计时，当受试者的支撑脚移动或抬起脚触地时，蜂鸣器再次发出响声，表明测试结束，显示屏上显示测试值。以"s（秒）"为单位记录站立时间，测量2次，取平均值作为分析数据。

③ 步态运动学——行走录像解析。

采用立体定点定机对老年人自然行走步态进行三维运动录像拍摄与解析。使用两台索尼摄像机（DCR-VX2100E）进行同步拍摄，采用遥控同步开机，足底压力测试区域布设同步装置（图4-5），通过电子光幕检测足部着地并触发灯光作为同步信号。拍摄频率为50Hz，摄像机距离压力平板中心约10米，两摄像机主光轴扇形夹角约为90°，机高1.2米。比例尺采用"爱捷001-A型"三维DLT立体辐射框架，根据框架中"23"球中心指向"13"球中心的连线为X方向的要求，框架的放置使X与行走方向平行。采用美国艾里尔运动生物力学分析系统（Ariel Performance Analysis System，APAS）对所采集的老年人行走运动录像进行人体各关节点的逐点逐祯点入解析，选用系统自带的美国丹姆斯特（Dempster）模型，经过数字化（Digitize）计算得到老年人步态过程中的各环节位置、位移、速度、加速度、角度、角速度等运动学参数，采用低通数字滤波法对数据进行优化，截断频率为6Hz。步态运动学测试指标（表4-2）。

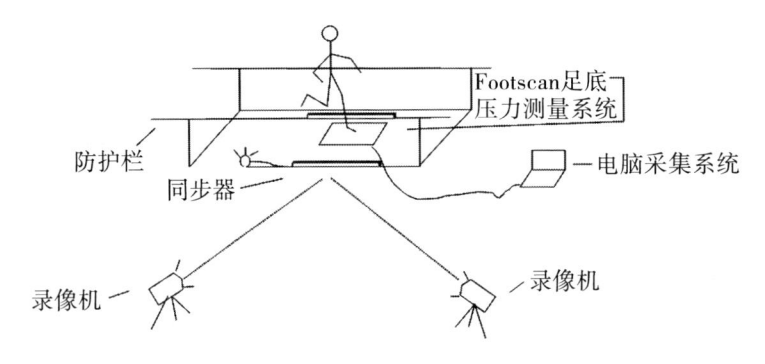

图4-5 老年人步态的运动学和动力学同步测试示意图

第四章 老年人跌倒相关姿势控制能力指标测量与优势判别指标筛选

表4-2 步态运动学测试指标一览表

项目	中文名称	英文缩略	单位	含义
观测点	着地期压力	FP1	N/cm^2	足着地初期的压力点
	峰值期压力	FP2	N/cm^2	足着地整个过程中最大的压力点
观测指标	髋角	HA	°	大腿与躯干环节的夹角（3D）
	膝角	KA	°	大腿与小腿环节的夹角（3D）
	踝角	AA	°	脚与小腿环节的夹角（3D）
	髋速	HV	m/s	髋关节的移动速度（3D）
	膝速	KV	m/s	膝关节的移动速度（3D）
	踝速	AV	m/s	踝关节的移动速度（3D）
	髋加速	HC	m/s^2	髋关节的移动加速度（3D）
	膝加速	KC	m/s^2	膝关节的移动加速度（3D）
	踝加速	AC	m/s^2	踝关节的移动加速度（3D）
	重心位移	CD	m	重心位移（3D）
	重心速度	CV	m/s	重心移动速度（3D）
	重心加速度	CA	m/s^2	重心移动的加速度（3D）

④步态动力学——足底压力测试。

测试仪器：Footscan Usb2足底压力测试系统（比利时）。

测试方法：本实验采用比利时Footscan Usb2足底压力测试系统（RsScan$^®$ International-Belgium）进行老年人自然行走步态的动力学测量。测力平板尺寸规格为578mm×418mm×12mm，内置4096个传感器单元，数据采集频率为250Hz。并配有Footscan 7 USB2 gait软件分析系统。本研究采用"一步法"进行测试。为了减少测力台暴露对受试者的干扰，对测试步道进行了改造，铺设了木地板，将测力平板镶嵌在地板内，表面覆盖专用防护垫并用有色胶带以"×"贴于覆盖物，并将"×"标志置于测力平板的中央。为了保证老年人的测试安全，步道两边加装防护栏（见图4-5）。受试者要求赤足或穿薄袜从步道的一侧开始，以本人自然的步速和姿势沿步道行走，让一只脚踩到"×"标志，另一只脚自然摆动，跨过测力台。若第一次测试的右脚，则返回时用同样的方法测试左脚。每个受试者每只脚测试三次，取平均值进行相关数据分析。（图4-6～图4-8）步态足底压力测试指标（表4-3）。

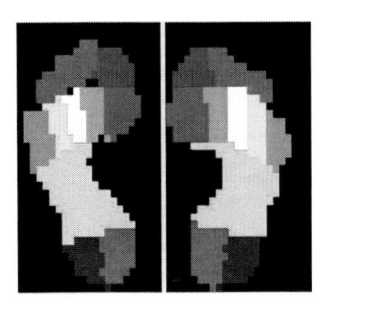

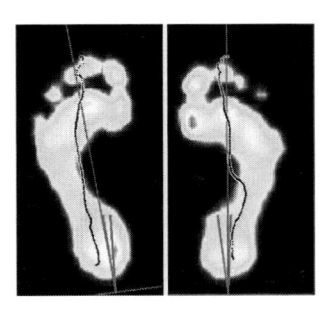

图4-6　足底压力分区　　　　图4-7　足底COP轨迹

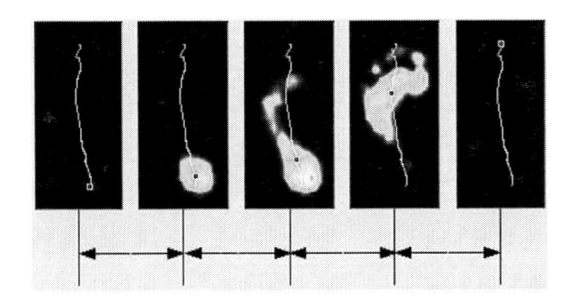

图4-8　足着地时相划分

表4-3　步态足底压力测试指标一览表

项目	中文名称	英文缩略	单位	含义
足底分区	足跟内侧	HM	—	足跟沿纵轴靠近内侧的区域
	足跟外侧	HL	—	足跟沿纵轴靠近外侧的区域
	足中部	MF	—	跟骨和跖骨之间的足弓区域
	第1跖骨	M1	—	前脚掌位于第1跖骨所在的区域
	第2跖骨	M2	—	前脚掌位于第2跖骨所在的区域
	第3跖骨	M3	—	前脚掌位于第3跖骨所在的区域
	第4跖骨	M4	—	前脚掌位于第4跖骨所在的区域
	第5跖骨	M5	—	前脚掌位于第5跖骨所在的区域
	大拇趾	T1	—	大拇趾所在的区域
	第2-5趾	T2-5	—	除大拇趾外，其余四趾所在的区域

(续表)

项目	中文名称	英文缩略	单位	含义
观测指标	峰值压力	Fmax	N/cm²	每个区域每平方厘米所受的最大压力
	冲量	IP	Ns/cm²	每个区域每平方厘米力在时间上的积累
	接触面积	CA	cm²	足底每个区域的接触面积
	足弓高度	RH	%	足中部接触面积占足底总面积的百分比
	步向角	FA	°	足纵轴线与平板中轴线（移动向）夹角
	着地阶段接触时间	ICP	ms	足跟初期着地阶段的接触时间
	前脚掌着地接触时间	FFCP	ms	从足跟着地到前脚掌触地的接触时间
	足部缓冲接触时间	FFP	ms	足全部着地放平阶段
	前脚掌离地接触时间	FFPOP	ms	前脚掌蹬离地面阶段的接触时间
	COP轨迹（横向）	COP-ML	mm	足底压力中心在左右方向的移动距离
	COP轨迹（纵向）	COP-AP	mm	足底压力中心在前后方向的移动距离

3. 感觉功能测试

（1）视力（视敏度）

测试器材：国际标准视力表、遮眼板、指示棍、米尺。

测试方法：将视力表挂在光线充足而均匀的墙上，表面无反光，挂置高度使受试者双眼与视力表5.0行大致持平。受试者坐在距离视力表5米的地方，用遮眼板将一只眼遮蔽，用另一只眼看视力表，按测试者所指的图形"E"字进行辨认，由表的最上端开始向下测试，直到受试者完全不能辨认的最小字行为止，依照表旁边所注的数字来确定其视力。双眼测试均为矫正视力，最后取双眼视力的平均值进行分析。

（2）坐立—转身—站立摇摆度

测试仪器：T·Mobility Lab 人体机能测评系统（美国）；木质椅子（高度46cm）。

测试方法：受试者的胸部、腰部、手腕、脚踝处都佩戴监测器，坐在椅子上，听到"开始"指令后，随即站立并沿惯侧在原地转身360°（图4-9），然后保持直立，两脚间距通过系统佩戴的限位器进行统一规范，并且平视正前方设定的目标，努力控制身体重心的稳定，进行30秒isway测试，整个过程有两名测试人员保护。测试结果如图4-10～图4-12所示。站立摇摆度isway测试指标（表4-4）。

图4-9 坐立—转身—站立动作连续图

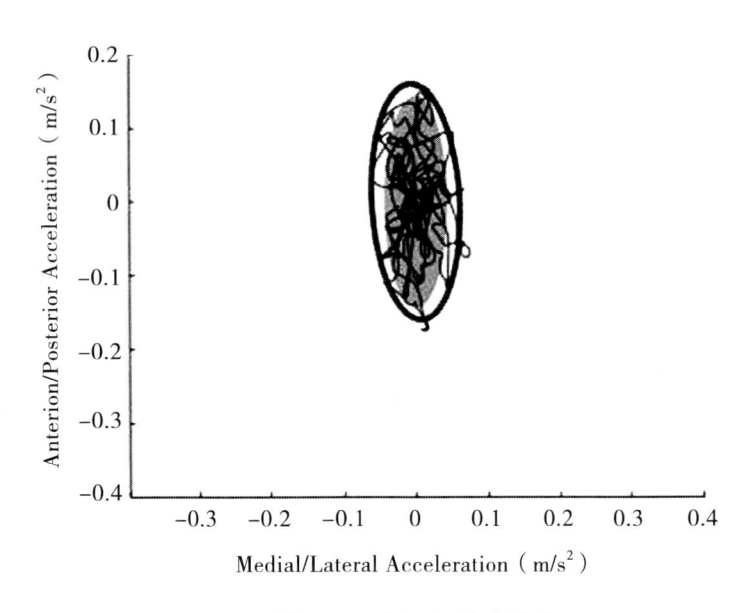

图4-10 COM加速度晃动

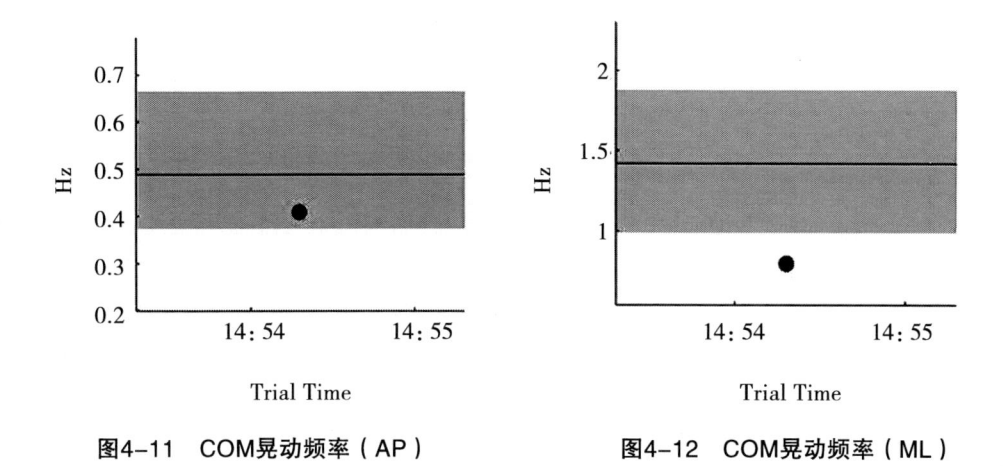

第四章 老年人跌倒相关姿势控制能力指标测量与优势判别指标筛选

图4-11 COM晃动频率（AP）

图4-12 COM晃动频率（ML）

表4-4 站立摇摆度iSWAY测试指标一览表

项目	中文名称	英文缩略	单位	含义
摇摆面积	总摇摆面积	TSA	m^2/s^2	每个单位时间内重心晃动轨迹的区域
	95%摇摆椭圆面积	ESA	m^2/s^4	COM晃动轨迹的95%置信区间椭圆面积
摇摆轨迹	前后摇摆度	RMSS-AP	m^2/s^2	COM前后摇摆量，加速度时间序列均方根
	左右摇摆度	RMSS-ML	m^2/s^2	COM左右摇摆量，加速度时间序列均方根
	摇摆度	RMSS	m^2/s^2	COM的摇摆量，加速度时间序列的均方根
	前后摇摆速度	MV-AP	m/s	COM前后的摇摆速度
	左右摇摆速度	MV-ML	m/s	COM左右的摇摆速度
	摇摆路径长度	PL	m^2/s^2	COM加速度轨迹总长度的摇摆路径
	前后摇摆路径长度	PL-AP	m^2/s^2	COM前后加速度轨迹总长度的摇摆路径
	左右摇摆路径长度	PL-ML	m^2/s^2	COM左右加速度轨迹总长度的摇摆路径
	加速度的摇摆范围	ROA	m^2/s^2	COM加速度的移动范围
	前后加速度摇摆范围	ROA-AP	m^2/s^2	COM前后方向加速度的移动范围
	左右加速度摇摆范围	ROA-ML	m^2/s^2	COM左右方向加速度的移动范围

75

(续表)

项目	中文名称	英文缩略	单位	含义
摇摆频率	平均摇摆频率	MF	Hz	单位时间加速度环路覆盖总路径的数量
	前后平均摇摆频率	MF-AP	Hz	前后加速度环路覆盖摇摆总路径的数量
	左右平均摇摆频率	MF-AP	Hz	左右加速度环路覆盖摇摆总路径的数量
	摇摆频率分散	FD	—	COM摆动频率的离散程度
	前后摇摆频率分散	FD-AP	—	COM前后摆动频率的离散程度
	左右摇摆频率散	FD-ML	—	COM左右摆动频率的离散程度

（3）髋、膝、踝关节动觉方位

测量器材：多关节测量仪、高椅子（60cm）、治疗床。

测量方法：多关节测量仪由直径1米的圆形复合板材制成，在圆盘上有分度数，圆盘由一支架固定在可升降的底座上。在大圆盘的水平平分线上有一个直径约0.5米的小圆，用不同颜色画制分度数，中央均有转动指针并可以固定于肢体上，大圆可以测量髋、膝、肩关节，小圆可以测量肘、踝关节。

髋关节测试：令受试者手扶椅背站立在测量仪旁边，调节其高度使中心转轴对准受试者非惯用肢髋关节（大转子），用固定带固定指针，然后让受试者抬大腿（屈髋）呈60°，然后返回原站立位，重复3次，让受试者体会髋部肌肉感觉，并尝试记忆位置。然后让受试者闭上双眼，再按上述动作的屈度做3次，记录结果判断角度误差，超过预定角度记"+"，未到达到预定角度记"-"，将3次判断误差的绝对值计算平均值。用来评价髋关节的动觉方位。

膝关节测试：受试者坐在椅子上，调节测量仪使大圆中心点对准非惯用肢膝关节中心（胫骨外侧髁最高点），用固定带固定指针，受试者伸膝呈60°。重复3次，计算误差绝对值的平均值来评价膝关节动觉方位。

踝关节测试：受试者平躺在治疗床上，调节测量仪将小圆中心位置对准非惯用肢踝关节中心（外踝最高点），用固定带固定指针，受试者伸脚背（跖屈）呈30°。重复3次，计算误差绝对值的平均值来评价踝关节动觉方位。

4. 认知功能测试

（1）选择反应时

测试器材：反应时测试仪（EP202型）。

测试方法：按照国民体质监测中选择反应时的操作方法进行测试。受试者用惯用手的中指按住"启动"键，等待发出信号，当某个任意信号键同时发出声光信号时，受试者要以最快的速度去按压该键；信号消失后，中指再次按住"启动"键，等待下一个信号发出，进行同样的操作，总共选择5次信号。受试者完成5次信号应答后，所有信号键都会同时发出光和声，表示测试结束。以"s（秒）"为单位记录，并保留两位小数，测量5次，取3次中间值的平均值。

（2）双任务测试

测试器材：BD-Ⅱ-311型脚踏频率测试仪、问题卡。

测试方法：受试者在完成脚踏频率测试（具体方法与运动功能测试中脚的灵敏测试相同）的同时，要对受试者进行问答任务干扰，本研究预设了问题卡，包括20以内的加减计算、说出自己家的住址、年龄、目前国家最高领导人的姓名等。记录完成30秒脚踏次数，测试2次，中间休息1分钟，以脚踏次数多的一次作为双任务测试数据进行分析。

（3）速度知觉测试

测试器材：BD-Ⅱ-508型速度知觉仪。

测试方法：接通电源，受试者坐在距测试仪1米的位置，面向主试，且平视屏幕板，优势手手指放在反应按键上，做好准备；主试按"速度设定"，本实验选择编码7，对应刺激灯移动速度为0.5米/秒，拉开两侧拉杆，确立一个由两个光点组成的虚拟"挡板"；主试按下"开始"键，刺激灯按设定的速度从左向右移动，当刺激灯到达第1个设定光点（起点）后，自动熄灭，受试者要假设刺激灯仍然按原来的移动速度继续向右移动，当感觉刺激灯已经到达第2个光点（终点）位置时，迅速按下反应键，此时刺激灯会亮起，显示其位置，从而可以判断与第2个光点偏离的情况。仪器可以显示受试者的判断误差时间

77

差异值，若为正值，说明受试者在刺激灯到达目标前过早反应，若出现负值，则说明受试者预判反应滞后，判别速度过慢。测试3次，时间精度0.01秒，计算3次测试误差绝对值的平均数，作为速度知觉的评价值。

（三）数理统计法

1. 独立样本t检验及卡方检验

将样本按照既往跌倒史（跌倒=1，非跌倒=0）分为F组（F=1）和NF组（NF=0），应用统计学软件IBM SPSS Statistics 19.0采用假设检验中的独立样本t检验和卡方（X^2）检验进行组间各因素差异性对照分析。当影响因素为连续性变量时，用独立样本t检验进行统计分析，采用$\bar{X} \pm S$表示，当影响因素为定性变量，采用率或构成比之间的比较，通常采用卡方检验。$P<0.05$表明变量之间统计学有显著性差异，$P<0.01$表明变量之间统计学有非常显著性差异。

2. 判别分析法

判别分析是针对分类问题根据待定的不同总体的变量分布不同，将若干个相联系的随机变量观测值进行分类，并建立一个判别函数，用实验对象的大量资料确定判别函数中的待定系数，并计算判别指标，据此即可确定某一样本属于何类。在判别分析过程中，若变量较多，可采用逐步判别的方法，即针对一些变量对于判别的作用会重复或相对较小，在判别分析过程中，采用有进有出的算法，对每一步均进行检验，将判别能力最强的变量引入判别式，将判别较弱的变量剔除，从而得到对判别分析最合适的变量，可用于多变量的降维。本研究应用统计学软件IBM SPSS Statistics 19.0采用判别分析的方法对影响老年人跌倒的因素进行典型判别和逐步判别分析，以方差分析的原理进行费歇尔（Fisher）判别，并利用贝叶斯（Bayes）以最大后验概率进行了判别，并用回代估计和交叉确认估计进行效果验证，对F组和NF组中差异性显著的25个姿势控制能力相关变量进行优势判别指标筛选，迭代过程共进行了15步，最终有10个指标进入了判别分析模型。将最优模型中的10个影响变量确定为优势判别指标，将作为下一部分跌倒预测中BP神经网络的输入变量。

第二节 老年人跌倒相关姿势控制能力指标分析

一、测试对象基本情况分析

本研究通过问卷调查的方式对受试者的学历、职业、吸烟史、饮酒史以及锻炼习惯进行了社会人口学特征调查。结果显示，受试者年龄在80岁以上的占16.90%，70~79岁的占47.54%，60~69岁的占35.56%；其中男性人数占39.08%，女性人数占60.92%；受试者以小学（45.42%）和初中（29.93%）学历为主，职业以农民（42.55%）为主，其他企事业和个体职业者比例较为均衡，有70.61%的受试者无吸烟史，但无饮酒经历的受试者仅39.84%，有规律性锻炼习惯的占35.45%，无锻炼习惯的占29.80%（表4-5）。

表4-5 受试者社会人口学特征统计表

指标	选项	人数（n=284）	百分比（%）
年龄	≥80	48	16.90
	70~79	135	47.54
	60~69	101	35.56
性别	男性	111	39.08
	女性	173	60.92
学历	无	12	4.23
	小学	129	45.42
	初中	85	29.93
	高中（含中专）	48	16.90
	大学（含大专）	8	2.82
	研究生	2	0.70

（续表）

指标	选项	人数（n=284）	百分比（%）
职业	农民	121	42.55
	个体从业人员	51	17.89
	企业退休人员	60	21.35
	事业单位退休人员	52	18.21
吸烟史	吸烟	40	14.25
	已戒烟	43	15.14
	不吸烟	201	70.61
饮酒史	饮酒	110	38.67
	已戒酒	61	21.49
	不饮酒	113	39.84
锻炼习惯	有规律锻炼	101	35.45
	无规律锻炼	98	34.75
	无锻炼习惯	85	29.80

二、F组与NF组样本基本情况的比较

通过对受试者面对面的问卷调查，并严格按照跌倒的定义界定对既往12月内的跌倒情况进行统计，284个有效样本中，年龄分布在60～88岁，有过跌倒史的为78人，无跌倒史的为206人，跌倒者占调查人数的27.46%。略低于多数国外文献中的33.3%的跌倒率（65岁以上），可能与本研究以60岁作为老年人的界定标准有关。F组（74.12±6.34）与NF组（72.58±6.32）的年龄组间无显著性差异（P>0.05），通过卡方检验F组与NF组中男女性别比例无显著性差异（P>0.05），F组身高、体重略低于NF组，但组间无显著性差异（P>0.05），身体质量指数（BMI）F组略高于NF组，但组间无显著性差异（P>0.05）（表4-6）。

第四章 老年人跌倒相关姿势控制能力指标测量与优势判别指标筛选

表4-6 F组与NF组受试者基本特征比较

指标	F组（n=78）	NF组（n=206）	t值/卡方值	P值
年龄（岁）	74.12 ± 6.34	72.58 ± 6.32	1.828	0.069
性别比例（%）	M（35.90），F（64.10）	M（40.29），F（59.71）	0.459	0.498
体重（kg）	64.64 ± 9.37	65.90 ± 11.26	−0.874	0.383
身高（m）	1.61 ± 0.09	1.62 ± 0.08	−0.926	0.355
BMI	25.26 ± 2.96	24.99 ± 2.85	0.709	0.479

注：*表示$P<0.05$，**表示$P<0.01$，以下表格相同。

三、老年人跌倒相关姿势控制因素的比较

（一）F组与NF组运动功能变量分布及比较

1. 力量、速度、灵敏素质相关变量比较

通过独立样本t检验对F组与NF组的力量、速度、灵敏等相关运动功能指标进行统计对比，结果表明，5次坐立计时F组（15.08 ± 5.17）明显高于NF组（11.05 ± 2.39），组间存在非常显著性差异（$P<0.01$）。10米最大步行速度F组（1.15 ± 0.14）与NF组（1.29 ± 0.12）之间存在非常显著性差异（$P<0.01$）。脚的灵敏性指标组间无显著性差异（$P>0.05$）（表4-7）。

表4-7 F组与NF组的力量、速度、灵敏素质相关指标比较

指标	F组（n=78）	NF组（n=206）	t值	P值
5次坐立计时（s）	15.08 ± 5.17	11.05 ± 2.39	8.940	0.000**
10米最大步行速度（m/s）	1.15 ± 0.14	1.29 ± 0.12	−8.216	0.002**
脚的灵敏性（count/30s）	78.72 ± 12.20	81.61 ± 12.93	−1.707	0.089

2. 平衡能力相关变量比较

通过独立样本 t 检验对F组与NF组的静态和动态平衡能力相关指标统计比较显示，闭眼单脚站立时间F组（8.06±4.51）小于NF组（9.38±5.21），组间存在显著性差异（$P<0.05$），改良坐—立行走计时F组（23.89±7.71）明显大于NF组（16.27±2.26），组间存在非常显著性差异（$P<0.01$），标准化步速F组（77.34±13.04）小于NF组（81.03±12.42），组间存在显著性差异（$P<0.05$），双支撑时间比率F组（22.27±4.99）明显高于NF组（19.30±3.83），组间存在非常显著性差异（$P<0.01$），转身步数F组（5.47±1.28）与NF组（4.96±1.02）具有非常显著差异（$P<0.01$）（表4-8）。

表4-8　F组与NF组的静动平衡能力（iTUG）相关指标比较

指标	F组（n=78）	NF组（n=206）	t 值	P 值
闭眼单脚站立时间（s）	8.06±4.51	9.38±5.21	−2.107	0.036*
坐—立行走计时（TUG）（s）	10.99±4.28	10.48±3.70	0.975	0.330
改良坐—立行走计时（iTUG）（s）	23.89±7.71	16.27±2.26	12.823	0.000**
标准化步长（%）	78.98±10.10	81.20±8.29	−1.889	0.060
标准化步速（%）	77.34±13.04	81.03±12.42	−2.201	0.029*
步频（steps/min）	117.23±11.00	119.40±11.71	−1.424	0.156
步态周期时间（s）	1.03±0.09	1.02±0.12	0.958	0.339
双支撑时间比率（%）	22.27±4.99	19.30±3.83	5.342	0.000**
摆动时间比率（%）	39.73±2.27	40.02±2.16	−1.022	0.308
单支撑时间比率（%）	60.27±2.27	59.97±2.16	1.022	0.308
小腿活动范围（°）	77.16±5.37	75.93±8.53	1.453	0.148
膝的活动范围（°）	53.75±4.95	54.84±4.30	−1.827	0.069
躯干水平位活动范围（°）	5.52±2.38	5.05±1.73	1.589	0.115
躯干矢状面活动范围（°）	4.39±1.38	4.58±1.28	−1.095	0.274
躯干额状面活动范围（°）	8.64±2.91	8.78±3.11	−0.335	0.738
躯干水平位峰值角速度（°/s）	25.84±7.76	24.91±7.18	0.947	0.345
躯干矢状面峰值角速度（°/s）	30.62±12.47	33.21±10.79	−1.733	0.084
躯干额状面峰值角度度（°/s）	41.97±15.09	42.88±14.19	−0.473	0.636

（续表）

指标	F组（n=78）	NF组（n=206）	t值	P值
转身步数（steps）	5.47 ± 1.28	4.96 ± 1.02	3.163	0.002*
转身峰值角速度（°/s）	160.35 ± 37.78	168.62 ± 37.54	−1.654	0.099
转身每步时间（s）	0.56 ± 0.08	0.58 ± 0.15	−0.858	0.391
坐—站时间（s）	2.28 ± 0.47	2.27 ± 0.48	0.048	0.962
坐—站峰值角速度（°/s）	102.80 ± 48.54	107.79 ± 69.70	−0.582	0.561
坐—站躯干活动范围（°）	29.07 ± 7.15	30.19 ± 7.45	−1.143	0.254
转身坐下峰值角速度（°/s）	160.22 ± 42.30	172.97 ± 52.39	−1.925	0.055
转身坐下时间（s）	4.10 ± 1.82	3.84 ± 1.29	1.388	0.166
转身坐下躯干活动范围（°）	20.99 ± 9.00	19.78 ± 7.76	1.125	0.262

3. 步态动力学相关变量比较

通过独立样本 t 检验对F组与NF组步态动力学相关指标参数的统计比较表明，在足底峰值压力分布特征方面，只有第1跖骨峰值力L指标F组（1.50 ± 1.25）与NF组（1.20 ± 0.76）之间存在显著性差异（$P<0.05$），其他指标之间比较差异均无显著的统计学意义。在足底冲量分布特征方面，大拇趾冲量R指标F组和NF组（1.10 ± 0.62 VS 0.73 ± 0.37）组间存在显著性差异（$P<0.05$），足跟外侧L（F组：1.10 ± 0.62，NF组：0.73 ± 0.37）和足跟外侧R（F组：1.12 ± 0.64，NF组：0.84 ± 0.35）两组之间均存在非常显著性差异（$P<0.01$）。其他指标组间均无显著性差异（$P>0.05$）（表4-9，表4-10）。

表4-9　F组与NF组步态——足底峰值压力分布特征比较（单位：N）

指标	F组（n=78）	NF组（n=206）	t值	P值
大拇指峰值力L	1.84 ± 1.14	1.60 ± 0.99	1.761	0.079
第2—5趾峰值力L	0.61 ± 0.57	0.64 ± 0.60	−0.338	0.736
第1跖骨峰值力L	1.50 ± 1.25	1.20 ± 0.76	2.015	0.047*
第2跖骨峰值力L	2.28 ± 1.15	2.32 ± 0.86	−0.315	0.753
第3跖骨峰值力L	2.24 ± 1.19	2.24 ± 0.66	−0.028	0.978

（续表）

指标	F组（n=78）	NF组（n=206）	t值	P值
第4跖骨峰值力L	1.83 ± 1.22	1.85 ± 0.69	−0.183	0.855
第5跖骨峰值力L	1.46 ± 1.22	1.68 ± 0.98	−1.514	0.131
足中部峰值力L	2.91 ± 1.54	3.23 ± 1.27	−1.761	0.079
足跟内侧峰值力L	2.92 ± 1.03	2.88 ± 0.86	0.280	0.779
足跟外侧峰值力L	2.63 ± 0.97	2.47 ± 0.70	1.294	0.198
足底受力总值L	11.65 ± 2.89	11.67 ± 1.63	−0.061	0.951
大拇指峰值力R	1.37 ± 0.77	1.54 ± 0.85	−1.542	0.124
第2—5趾峰值力R	0.59 ± 0.84	0.61 ± 0.51	−0.226	0.821
第1跖骨峰值力R	1.78 ± 0.97	1.98 ± 0.86	−1.756	0.080
第2跖骨峰值力R	2.88 ± 0.78	2.79 ± 0.94	0.773	0.440
第3跖骨峰值力R	2.44 ± 0.65	2.45 ± 0.88	−0.170	0.865
第4跖骨峰值力R	2.00 ± 1.04	2.12 ± 0.78	−0.949	0.345
第5跖骨峰值力R	1.19 ± 0.71	1.11 ± 0.69	0.834	0.405
足中部峰值力R	2.48 ± 1.32	2.43 ± 1.23	0.323	0.747
足跟内侧峰值力R	2.97 ± 1.17	3.12 ± 0.79	−1.004	0.318
足跟外侧峰值力R	2.61 ± 1.05	2.68 ± 0.70	−0.504	0.615
足底受力总值R	12.29 ± 2.22	12.37 ± 1.73	−0.332	0.740

注：足底各区域峰值压力都进行了体重的标准化。L表示左脚，R表示右脚。

表4-10　F组与NF组步态——足底冲量分布特征比较（单位：Ns）

指标	F组（n=78）	NF组（n=206）	t值	P值
大拇指冲量L	0.45 ± 0.35	0.45 ± 0.37	−0.108	0.914
第2—5趾冲量L	0.11 ± 0.14	0.15 ± 0.18	−1.730	0.085
第1跖骨冲量L	0.42 ± 0.37	0.36 ± 0.30	1.524	0.129
第2跖骨冲量L	0.85 ± 0.56	0.75 ± 0.33	1.532	0.129
第3跖骨冲量L	0.85 ± 0.48	0.74 ± 0.25	1.983	0.050
第4跖骨冲量L	0.72 ± 0.41	0.65 ± 0.29	1.270	0.207
第5跖骨冲量L	0.51 ± 0.34	0.57 ± 0.41	−1.113	0.267

（续表）

指标	F组（n=78）	NF组（n=206）	t值	P值
足中部冲量L	1.21 ± 0.83	1.05 ± 0.57	1.506	0.135
足跟内侧冲量L	1.08 ± 0.65	0.98 ± 0.56	1.856	0.056
足跟外侧冲量L	1.10 ± 0.62	0.73 ± 0.37	4.907	0.000**
足底冲量总值L	6.99 ± 2.48	6.49 ± 2.03	1.575	0.118
大拇趾冲量R	0.49 ± 0.44	0.38 ± 0.25	2.231	0.028*
第2—5趾冲量R	0.17 ± 0.19	0.13 ± 0.13	1.466	0.146
第1跖骨冲量R	0.68 ± 0.51	0.58 ± 0.38	1.529	0.129
第2跖骨冲量R	1.02 ± 0.55	0.90 ± 0.31	1.865	0.065
第3跖骨冲量R	0.93 ± 0.51	0.83 ± 0.30	1.538	0.127
第4跖骨冲量R	0.86 ± 0.58	0.79 ± 0.37	1.046	0.298
第5跖骨冲量R	0.35 ± 0.28	0.39 ± 0.28	−1.090	0.276
足中部冲量R	0.83 ± 0.60	0.87 ± 0.62	−0.456	0.649
足跟内侧冲量R	0.97 ± 0.49	0.89 ± 0.45	1.119	0.264
足跟外侧冲量R	1.12 ± 0.64	0.84 ± 0.35	3.668	0.000**
足底冲量总值R	7.00 ± 1.94	6.93 ± 2.16	0.269	0.788

注：足底各区域冲量值都进行了体重的标准化。L表示左脚，R表示右脚。

通过独立样本t检验对步态的足底接触面积的特征进行组间对照统计分析表明，只有第2跖骨受力面积R在F组（11.00 ± 2.37）与NF组（12.90 ± 1.47）之间存在显著性差异（$P<0.01$）。在步态的足部形态及时空特征方面，缓冲期接触时间L指标F组（394.91 ± 199.73）明显大于NF组（312.64 ± 142.55），组间存在非常显著性差异（$P<0.01$）。前脚掌着地接触时间R指标F组（108.69 ± 61.69）明显大于NF组（88.34 ± 57.32），组间存在非常显著性差异（$P<0.01$）。横向COP轨迹R指标F组（35.61 ± 7.26）明显大于NF组（29.30 ± 10.71），组间具有非常显著性差异（$P<0.01$）。其他指标组间均无显著性差异（$P>0.05$）（表4-11，表4-12）。

表4-11　F组与NF组步态——足底接触面积分布特征比较（单位：cm^2）

指标	F组（$n=78$）	NF组（$n=206$）	t 值	P 值
大拇趾受力面积L	15.50 ± 4.85	14.81 ± 6.48	0.958	0.340
第2—5趾受力面积L	10.73 ± 7.96	10.61 ± 7.35	0.123	0.902
第1跖骨受力面积L	9.77 ± 2.33	10.13 ± 3.49	−0.986	0.325
第2跖骨受力面积L	9.19 ± 1.17	9.21 ± 1.85	−0.129	0.898
第3跖骨受力面积L	7.46 ± 1.10	7.74 ± 1.26	−1.775	0.077
第4跖骨受力面积L	7.92 ± 1.29	8.17 ± 1.20	−1.507	0.133
第5跖骨受力面积L	11.15 ± 2.33	11.00 ± 2.49	0.458	0.647
足中部受力面积L	33.72 ± 8.76	34.13 ± 7.81	−0.388	0.698
足跟内侧受力面积L	15.95 ± 2.23	15.66 ± 2.45	0.906	0.366
足跟外侧受力面积L	13.69 ± 1.88	13.48 ± 2.14	0.780	0.436
足底冲量总值L	13.64 ± 8.84	13.42 ± 9.79	0.855	0.393
大拇趾受力面积R	13.06 ± 4.78	12.09 ± 4.04	1.592	0.114
第2—5趾受力面积R	9.18 ± 6.84	10.37 ± 6.46	−1.365	0.173
第1跖骨受力面积R	14.93 ± 2.51	14.37 ± 3.27	1.541	0.125
第2跖骨受力面积R	11.00 ± 2.37	12.90 ± 1.47	−3.155	0.002**
第3跖骨受力面积R	9.50 ± 1.08	9.24 ± 1.47	1.409	0.160
第4跖骨受力面积R	9.68 ± 1.00	9.43 ± 1.38	1.616	0.108
第5跖骨受力面积R	8.98 ± 2.11	8.74 ± 2.36	0.777	0.438
足中部受力面积R	29.02 ± 7.51	30.80 ± 8.16	−1.681	0.094
足跟内侧受力面积R	16.80 ± 2.11	17.18 ± 2.11	−1.348	0.179
足跟外侧受力面积R	14.50 ± 1.88	14.82 ± 1.95	−1.242	0.215
足底冲量受力面积R	140.49 ± 17.50	137.28 ± 19.26	1.288	0.199

注：足底各区域冲量值都进行了体重的标准化。L表示左脚，R表示右脚。

表4-12　F组与NF组步态——足部形态及时间特征比较

指标	F组（n=78）	NF组（n=206）	t值	P值
足弓高度（%）	24.23 ± 5.77	25.52 ± 3.72	−1.832	0.070
足弓高度（%）	22.27 ± 5.18	21.83 ± 4.77	0.669	0.504
步向角L（°）	11.66 ± 9.98	10.15 ± 8.12	1.308	0.192
步向角R（°）	14.20 ± 7.36	13.48 ± 7.82	0.698	0.486
着地初期接触时间L（ms）	47.78 ± 22.21	45.71 ± 20.98	0.731	0.465
前脚掌着地接触时间L（ms）	113.76 ± 3.80	102.01 ± 77.80	1.186	0.237
缓冲期接触时间L（ms）	394.91 ± 199.73	312.64 ± 142.55	3.331	0.001**
前脚掌离地接触时间L（ms）	272.32 ± 71.95	287.00 ± 75.29	−1.484	0.139
着地初期接触时间R（ms）	46.55 ± 21.85	47.10 ± 26.34	−0.163	0.871
前脚掌着地接触时间R（ms）	108.69 ± 61.69	88.34 ± 57.32	2.618	0.009**
缓冲期接触时间R（ms）	356.13 ± 137.13	361.41 ± 170.22	−0.270	0.787
前脚掌离地接触时间R（ms）	272.60 ± 73.87	287.99 ± 68.33	−1.656	0.099
横向COP轨迹L（mm）	32.18 ± 9.86	31.38 ± 12.05	0.572	0.568
纵向COP轨迹L（mm）	210.49 ± 23.01	215.20 ± 17.33	−1.863	0.064
横向COP轨迹R（mm）	35.61 ± 7.26	29.30 ± 10.71	5.681	0.000**
纵向COP轨迹R（mm）	208.50 ± 21.95	211.80 ± 18.40	−1.275	0.203

4. 步态运动学相关变量特征比较

通过独立样本t检验对步态的运动学特征进行组间对照统计分析表明，在着地期只有触地髋角L指标F组（170.31 ± 5.52）明显大于N F组（166.46 ± 4.11），组间存在非常显著性差异（$P<0.01$）。在峰值压力点时相，峰值压力点COM位移L指标F组（0.21 ± 0.11）明显小于NF组（0.30 ± 0.12），组间具有非常显著性差异（$P<0.01$）。峰值压力点COM位移R指标F组（0.22 ± 0.11）明显小于N F组（0.28 ± 0.14），组间具有非常显著性差异（$P<0.01$）。其他指标组间均无显著性差异（$P>0.05$）（表4-13，表4-14）。

表4-13 F组与NF组步态——着地期运动学特征比较

指标	F组（n=78）	NF组（n=206）	t值	P值
着地期作用力/体重L（N）	2.10 ± 1.08	2.01 ± 0.83	0.753	0.452
触地髋角L（°）	170.31 ± 5.52	166.46 ± 4.11	5.605	0.000**
触地膝角L（°）	176.48 ± 3.54	176.26 ± 3.78	0.674	0.501
触地踝角L（°）	100.74 ± 11.29	100.07 ± 13.51	0.475	0.635
触地髋速L（m/s）	0.81 ± 0.33	0.86 ± 0.53	−0.985	0.326
触地膝速L（m/s）	0.74 ± 0.40	0.68 ± 0.41	1.118	0.265
触地踝速L（m/s）	0.72 ± 0.36	0.67 ± 0.35	1.077	0.246
触地髋加速度L（m/s）	24.26 ± 16.02	23.15 ± 15.06	0.545	0.586
触地膝加速度L（m/s^2）	20.74 ± 10.18	21.39 ± 14.21	−0.428	0.669
触地踝加速度L（m/s^2）	19.43 ± 15.34	19.13 ± 18.23	0.127	0.899
触地COM速度L（m/s）	0.52 ± 0.25	0.50 ± 0.26	0.607	0.544
触地COM加速度L（m/s^2）	19.91 ± 12.58	18.41 ± 10.56	1.008	0.314
触地COM位移L（m）	0.01 ± 0.001	0.01 ± 0.001	0.146	0.884
着地期作用力/体重R（N）	2.33 ± 1.41	2.16 ± 1.36	0.943	0.346
触地髋角R（°）	162.90 ± 23.18	164.41 ± 22.71	−0.495	0.621
触地膝角R（°）	172.95 ± 22.52	172.37 ± 22.06	0.196	0.845
触地踝角R（°）	93.56 ± 12.91	94.87 ± 12.57	−0.778	0.437
触地髋速R（m/s）	0.84 ± 0.52	0.90 ± 0.59	−0.745	0.457
触地膝速R（m/s）	0.76 ± 0.52	0.76 ± 0.51	0.061	0.951
触地踝速R（m/s）	0.45 ± 0.27	0.47 ± 0.28	−0.510	0.611
触地髋加速度R（m/s^2）	23.31 ± 12.73	26.27 ± 13.05	−1.717	0.087
触地膝加速度R（m/s^2）	20.01 ± 12.60	21.04 ± 13.11	−0.600	0.549
触地踝加速度R（m/s^2）	15.45 ± 12.31	17.13 ± 11.57	−1.073	0.284
触地COM速度R（m/s）	0.47 ± 0.26	0.51 ± 0.35	−0.977	0.330
触地COM加速度R（m/s^2）	16.03 ± 9.88	17.47 ± 9.23	−1.151	0.251
触地COM位移R（m）	0.01 ± 0.001	0.01 ± 0.001	−0.809	0.419

表4-14　F组与NF组步态——峰值压力点运动学特征比较

指标	F组（n=78）	NF组（n=206）	t值	P值
峰值压力/体重L（N）	12.3 ± 23.10	12.2 ± 83.38	−0.100	0.921
峰值压力点时间L（s）	0.51 ± 0.18	0.48 ± 0.16	1.198	0.232
峰值压力点髋角L（°）	173.65 ± 4.61	174.20 ± 4.05	−0.921	0.359
峰值压力点膝角L（°）	174.99 ± 3.43	175.21 ± 3.58	−0.469	0.640
峰值压力点踝角L（°）	95.46 ± 8.84	94.30 ± 9.63	0.928	0.354
峰值压力点髋速L（m/s）	0.80 ± 0.43	0.86 ± 0.39	−1.176	0.241
峰值压力点膝速L（m/s）	0.54 ± 0.33	0.63 ± 0.39	−1.791	0.074
峰值压力点踝速L（m/s）	0.38 ± 0.28	0.39 ± 0.24	−0.338	0.735
峰值压力点髋加速度L（m/s^2）	16.91 ± 10.18	17.00 ± 10.96	−0.065	0.948
峰值压力点膝加速度L（m/s^2）	17.22 ± 12.98	18.07 ± 12.80	−0.503	0.616
峰值压力点踝加速度L（m/s^2）	12.57 ± 7.34	12.06 ± 7.04	0.532	0.595
峰值压力点COM速度L（m/s）	0.68 ± 0.29	0.70 ± 0.29	−0.522	0.602
峰值压力点COM加速度L（m/s^2）	10.42 ± 5.22	10.18 ± 5.67	0.323	0.747
峰值压力点COM位移L（m）	0.21 ± 0.11	0.30 ± 0.12	−5.623	0.003**
峰值压作用力/体重R（N）	12.9 ± 62.94	12.95 ± 3.20	−0.018	0.986
峰值压力点时间R（s）	0.48 ± 0.26	0.47 ± 0.22	0.548	0.584
峰值压力点髋角R（°）	172.28 ± 5.66	172.78 ± 5.35	−0.695	0.487
峰值压力点膝角R（°）	173.47 ± 6.23	173.52 ± 5.20	−0.067	0.947
峰值压力点踝角R（°）	90.77 ± 12.81	94.95 ± 13.32	−2.389	0.018
峰值压力点髋速R（m/s）	21.34 ± 15.39	22.94 ± 14.88	−0.793	0.429
峰值压力点膝速R（m/s）	0.65 ± 0.36	0.71 ± 0.39	−1.347	0.179
峰值压力点踝速R（m/s）	0.37 ± 0.20	0.40 ± 0.19	−0.350	0.726
峰值压力点髋加速度R（m/s^2）	21.33 ± 15.39	22.94 ± 14.88	−0.805	0.422
峰值压力点膝加速度R（m/s^2）	17.92 ± 15.17	18.89 ± 13.35	−0.527	0.598
峰值压力点踝加速度R（m/s^2）	12.27 ± 7.52	13.53 ± 9.62	−1.159	0.248
峰值压力点COM速度R（m/s）	0.78 ± 0.33	0.80 ± 0.35	−0.163	0.871
峰值压力点COM加速度R（m/s^2）	12.47 ± 6.74	11.04 ± 6.83	1.577	0.116
峰值压力点COM位移R（m）	0.22 ± 0.11	0.28 ± 0.14	−3.672	0.000**

（二）F组与NF组感觉功能变量分布及比较

1. 视觉及本体感觉相关变量比较

通过对F组与NF组的视觉及本体感觉相关变量的独立样本t检验统计分析表明，F组（4.51±0.18）的视力值低于NF组（4.68±0.21），组间存在非常显著性差异（$P<0.01$）。髋关节动觉方位F组（9.10±1.97）与NF组（8.45±1.69）之间存在非常显著差异（$P<0.01$）。其他指标组间均无显著性差异（$P>0.05$）（表4-15）。

表4-15　F组与NF组视觉及本体感觉指标比较

指标	F组（$n=78$）	NF组（$n=206$）	t值	P值
视力	4.51±0.18	4.68±0.21	−6.017	0.000**
髋动觉方位（°）	9.10±1.97	8.45±1.69	2.730	0.007**
膝动觉方位（°）	7.42±0.86	7.42±0.80	0.003	0.997
踝动觉方位（°）	5.99±0.63	5.93±0.62	0.837	0.403

2. 前庭功能相关变量比较

通过对F组与NF组的前庭功能相关变量的独立样本t检验统计分析表明，95%椭圆摆动面积F组（0.13±0.07）明显大于NF组（0.04±0.03），组间具有非常显著性差异（$P<0.01$）。左右摆动平均频率F组（0.78±0.26）与NF组（0.92±0.34）存在显著性差异（$P<0.01$）。左右摆动路径长度F组（3.48±1.63）明显大于NF组（2.78±1.14），组间具有非常显著性差异（$P<0.01$）。其他指标组间均无显著性差异（$P>0.05$）（表4-16）。

表4-16 F组与NF组前庭功能iSWAY相关指标比较

指标	F组（$n=78$）	NF组（$n=206$）	t值	P值
总摇摆面积（m^2/s^5）	0.005 ± 0.006	0.004 ± 0.006	0.361	0.718
95%椭圆摆动面积（m^2/s^4）	0.13 ± 0.07	0.04 ± 0.03	10.971	0.000**
重心前后摇摆度（m^2/s^2）	0.11 ± 0.08	0.10 ± 0.03	1.648	0.101
重心总摇摆度（m^2/s^2）	0.10 ± 0.04	0.10 ± 0.06	1.128	0.260
量重心左右摇摆度（m^2/s^2）	0.04 ± 0.02	0.04 ± 0.03	0.460	0.646
前后摆动平均速度（m/s）	0.17 ± 0.11	0.18 ± 0.12	−0.729	0.467
平均速度（m/s）	0.19 ± 0.09	0.17 ± 0.10	1.390	0.165
左右摆动平均速度（m/s）	0.20 ± 0.10	0.19 ± 0.11	0.870	0.385
前后摆动路径长度（m^2/s^2）	4.17 ± 0.76	4.37 ± 1.38	−1.542	0.124
摆动路径长度（m^2/s^2）	5.50 ± 1.30	5.24 ± 1.15	1.632	0.104
左右摆动路径长度（m^2/s^2）	3.48 ± 1.63	2.78 ± 1.14	3.473	0.001**
前后加速度范围（m^2/s^2）	0.51 ± 0.23	0.48 ± 0.19	1.198	0.232
加速度范围（m^2/s^2）	0.44 ± 0.10	0.46 ± 0.16	−0.776	0.438
左右加速度范围（m^2/s^2）	0.24 ± 0.15	0.20 ± 0.14	1.901	0.058
前后摆动平均频率（Hz）	0.37 ± 0.09	0.38 ± 0.08	−0.343	0.732
摆动平均频率（Hz）	0.39 ± 0.09	0.41 ± 0.11	−1.415	0.158
左右摆动平均频率（Hz）	0.78 ± 0.26	0.92 ± 0.34	−3.600	0.000**
前后摆动频率分散	0.77 ± 0.09	0.76 ± 0.10	0.681	0.496
摆动频率分散	0.74 ± 0.05	0.75 ± 0.05	−0.698	0.486
左右摆动频率分散	0.75 ± 0.07	0.75 ± 0.08	0.056	0.955

（三）F组与NF组认知功能变量分布及比较

通过对F组与NF组的认知功能相关变量的独立样本t检验统计分析表明，双任务值F组（59.13 ± 7.29）明显低于NF组（74.78 ± 13.27），组间具有非常显著性差异（$P<0.01$）。选择反应时F组（0.85 ± 0.21）与NF组（0.71 ± 0.18）之间存在非常显著差异（$P<0.01$）。其他指标组间无显著性差异（$P>0.05$）（表4-17）。

表4-17　F组与NF组认知功能指标比较

指标	F组（n=78）	NF组（n=206）	t值	P值
双任务（count/30s）	59.13 ± 7.29	74.78 ± 13.27	−12.631	0.000**
选择反应时（s）	0.85 ± 0.21	0.71 ± 0.18	5.185	0.001**
速度知觉（s）	0.43 ± 0.14	0.44 ± 0.19	−0.587	0.558

（四）F组与NF组存在差异性的指标情况

通过独立样本t检验对F组与NF组在运动功能、感觉功能和认知功能3个维度下的相关变量进行统计对照分析，共有5次坐立计时、10米最大步行速度、闭眼单脚站立时间、改良坐立行走时间、标准化步速、双支撑时间比率、转身步数、第1跖骨峰值力、足跟外侧冲量L、大拇趾冲量R、足跟外侧冲量R、第2跖骨受力面积R、缓冲接触时间L、前脚掌着地接触时间R、横向COP轨迹R、触地髋角L、峰值压力点COM位移L、峰值压力点COM位移R、视力、髋动觉方位、95%椭圆摆动面积、左右摆动路径长度、左右摆动平均频率、双任务、选择反应时共计25个指标组间存在显著性差异。

四、老年人跌倒相关姿势控制能力优势判别指标的筛选

（一）老年人跌倒优势判别指标的逐步判别

将F组与NF组差异性显著的25个指标应用判别分析的方法进行优势判别指标筛选。在筛选过程中，首先进行逐步判别分析，F值的进入标准是3.84，删除标准是2.71，第0步变量中"改良坐立行走计时"的F值（164.42）为最大值，故先将其引入；第1步变量中"95%椭圆摆动面积"的F值（85.34）为最大值，故将其引入；第2步中"年龄"的F值（19.90）为最大值，将其引入；第3步中"横向COP轨迹R"的F值（12.03）为最大值，将其引入；第4步中"触地髋角L"的F值（8.47）为最大值，将其引入；第5步中"第2跖骨受力面积R"的F值（7.64）为最大值，将其引入；第6步中"第1跖骨峰值力L"

的 F 值（8.83）为最大值，将其引入；第7步中"标准化步速"的 F 值（6.97）为最大值，将其引入；第8步中"左右平均频率"的 F 值（6.94）为最大值，将其引入；第9步中"峰值压力点COM位移L"的 F 值（5.34）为最大值，将其引入；第10步中"左右摆动路径长度"的 F 值（4.346）为最大值，将其引入；第11步中"左右摆动路径长度"的 F 值（4.385）为最大值，将其引入；第12步中"选择反应时"的 F 值（4.260）为最大值，将其引入；第13步中"闭眼单脚站立时间"的 F 值（7.158）为最大值，将其引入；第14、15步中没有能够达到F值纳入标准的指标。故无变量引入。因篇幅所限表中只列出了首尾两个步骤的统计数据（表4-18）。

表4-18 未进入判别函数的变量筛选统计过程

步骤	指标	容差	最小容差	要输入的 F	Wilks 的 Lambda
0	第1跖骨峰值力L	1.000	1.000	6.216	0.978
	足跟外侧冲量L	1.000	1.000	37.132	0.884
	大拇趾冲量R	1.000	1.000	7.894	0.973
	足跟外侧冲量R	1.000	1.000	22.381	0.926
	第2跖骨受力面积R	1.000	1.000	15.139	0.949
	缓冲期接触时间L	1.000	1.000	14.922	0.950
	前脚掌着地接触时间R	1.000	1.000	6.852	0.976
	横向COP轨迹R	1.000	1.000	23.021	0.925
	触地髋角L	1.000	1.000	40.780	0.874
	峰值压力点COM位移L	1.000	1.000	28.856	0.907
	峰值压力点COM位移R	1.000	1.000	11.390	0.961
	闭眼单脚站立时间	1.000	1.000	23.426	0.923
	改良坐立行走计时	1.000	1.000	164.423	0.632
	标准化步速	1.000	1.000	140.511	0.667
	双支撑时间%	1.000	1.000	28.538	0.908
	5次坐立计时	1.000	1.000	79.921	0.779
	10米最大步行速度	1.000	1.000	67.508	0.807

(续表)

步骤	指标	容差	最小容差	要输入的 F	Wilks 的 Lambda
	视力	1.000	1.000	36.201	0.886
	髋动觉方位	1.000	1.000	7.454	0.974
	95%椭圆摆动面积	1.000	1.000	122.009	0.698
	左右摆动路径长度	1.000	1.000	15.961	0.946
	左右平均频率	1.000	1.000	10.235	0.965
	双任务	1.000	1.000	97.269	0.744
	选择反应时	1.000	1.000	39.494	0.877
	转身步数	1.000	1.000	43.004	0.868
...					
15	足跟外侧冲量L	0.663	0.522	0.333	0.356
	大拇趾冲量R	0.864	0.523	1.594	0.354
	足跟外侧冲量R	0.762	0.523	1.879	0.354
	缓冲期接触时间L	0.765	0.515	0.869	0.355
	前脚掌着地接触时间R	0.914	0.506	0.858	0.355
	峰值压力点COM位移R	0.955	0.523	1.906	0.354
	改良坐—立行走计时	0.355	0.355	1.686	0.354
	双支撑时间%	0.681	0.524	0.174	0.356
	5次坐立计时	0.621	0.497	0.881	0.355
	10米最大步行速度	0.552	0.511	0.165	0.356
	视力	0.789	0.487	2.981	0.352
	髋动觉方位	0.888	0.520	1.819	0.354
	左右平均功率	0.727	0.521	2.605	0.353
	双任务	0.432	0.432	1.063	0.355
	转身步数	0.812	0.524	0.764	0.355

将纳入的相关指标进行逐步判别筛选，迭代过程共进行了15步，最终有10个指标进入了判别分析模型（表4-19）。

表4-19 进入判别函数的变量筛选统计过程

判别步骤	指标	容差	要删除的 F	Wilks 的 Lambda
1	改良坐—立行走计时	1.000	164.423	0.632
...				
15	95%椭圆摆动面积	0.934	61.035	0.436
	横向COP轨迹R	0.940	14.535	0.375
	触地髋角L	0.887	11.488	0.371
	第2跖骨受力面积R	0.870	15.640	0.377
	第1跖骨峰值力L	0.912	9.901	0.369
	标准化步速	0.736	37.803	0.406
	峰值压力点COM位移L	0.949	4.682	0.362
	左右摆动路径长度	0.920	5.894	0.364
	选择反应时	0.602	11.329	0.371
	闭眼单脚站立时间	0.524	8.103	0.367

（二）老年人跌倒的优势判别指标典型判别函数分析

费希尔（Fisher）判别法的基本思想是降维，将多个指标转化为少数几个判别能力较强的综合指标，即典型判别函数。由于分组只有跌倒与非跌倒两类，所以典型判别函数的个数只有1个。如表4-20所示，特征值越大说明越具有区别力，本研究特征值较大为1.807，所以它能够提供上述指标几乎全部（100%）的方差信息。

表4-20 典型判别函数的特征值

函数	特征值	方差（%）	累积（%）	正则相关性
1	1.807[a]	100.0	100.0	0.802

a. 分析中使用了前 1 个典型判别式函数。

由表4-21得到典型判别函数的表达式：

f=0.317×第1跖骨峰值力L−0.184×第2跖骨受力面积R+0.029×横向COP轨迹R+0.059×触地髋角L−1.714×峰值压力点COM位移L−0.043×闭眼单脚站立时间−0.060×标准化步速+9.217×95%椭圆摆动面积+0.265×左右路径长度+1.907×选择反应时−7.919。

表4-21 典型判别函数系数（非标准化）

序号	指标	系数（dc）
1	第1跖骨峰值力L	0.317
2	第2跖骨受力面积R	−0.184
3	横向COP轨迹R	0.029
4	触地髋角L	0.059
5	峰值压力点COM位移L	−1.714
6	闭眼单脚站立时间	−0.043
7	标准化步速	−0.060
8	95%椭圆摆动面积	9.217
9	左右摆动路径长度	0.265
10	选择反应时	1.907
11	（常量）	−7.919

从图4-13可以看出，F组与NF组的典型判别得分均具有显著的差异，说明判别函数的判别能力较强，筛选出的优势判别指标具有较强的代表性。

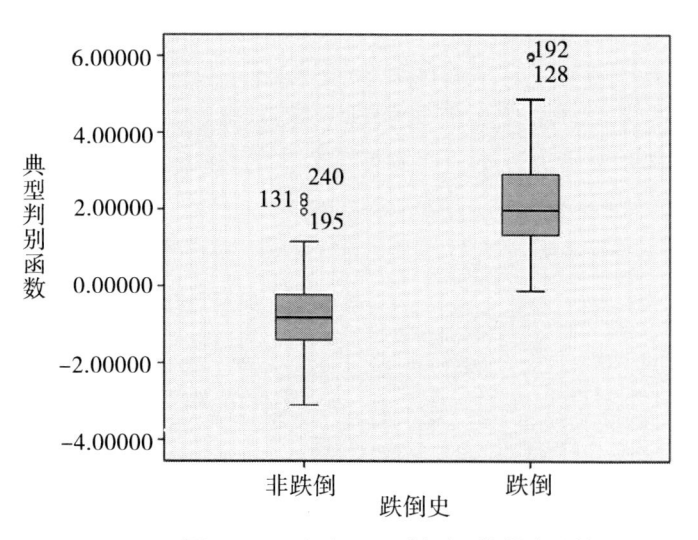

图4-13 F组与NF组判别函数得分比较

（三）老年人跌倒优势判别指标的Bayes判别分析

由表4-22可得出F组与NF组的线性判别函数：
$W_1(x) = -0.821 \times$ 典型判别函数 -1.03（NF组）
$W_1(x) = 2.168 \times$ 典型判别函数 -3.044（F组）
当 $W_1(x) \geq W_2(x)$ 时，判定该样品属于NF组，否则认为他属于第二组。

表4-22　判别分类函数系数

	NF组	F组
典型判别函数	−0.821	2.168
（常量）	−1.030	−3.044

注：Fisher的线性判别式函数。

根据表4-23统计结果表明，对初始分组中判别F组的准确预测率为89.7%，错误预判率为10.3%，对NF组的准确预测率为96.1%，错误预判率为3.9%，在交叉验证中，对F组的正确预测率和错误预判率与初始相等。根据该判别方法的回代估计和交叉确认估计的正确率综合达到94.4%，说明该方法的判别效果较好。

表4-23　判别分类结果[b,c]

		跌倒史	预测组成员 NF组	预测组成员 F组	合计
初始	计数	NF组	198	8	206
		F组	8	70	78
	%	NF组	96.1	3.9	100
		F组	10.3	89.7	100

(续表)

跌倒史		预测组成员		合计
		NF组	F组	
交叉验证[a] 计数	NF组	198	8	206
	F组	8	70	78
%	NF组	96.1	3.9	100
	F组	10.3	89.7	100

a.仅对分析中的案例进行交叉验证。每个案例都是按照从该案例以外的所有其他案例派生的函数来分类的。
b.已对初始分组案例中的94.4%个进行了正确分类。
c.已对交叉验证分组案例中的94.4%个进行了正确分类。

（四）老年人跌倒相关姿势控制能力的优势判别指标

通过以上的判别分析，可推断通过该方法筛选的优势判别指标具有较高的可靠性。通过典型判别分析的标准化函数系数（表4-24）可知，影响老年人跌倒相关的姿势控制优势判别指标共有10个，根据系数绝对值的大小可以判断指标的影响程度，由此推断优势判别指标的影响程度从大到小依次为：标准化步速>95%椭圆摆动面积>第2跖骨受力面积R>选择反应时>横向COP轨迹R>第1跖骨峰值力L>触地髋角L>左右摆动路径长度>闭眼单脚站立时间>峰值压力点COM位移L。在此基础上形成老年人跌倒相关姿势控制能力的优势判别指标体系（图4-14）。

表4-24 典型判别函数系数（标准化）

序号	指标	系数（dc）
1	第1跖骨峰值力L	0.291
2	第2跖骨受力面积R	−0.321
3	横向COP轨迹R	0.292
4	触地髋角L	0.268
5	峰值压力点COM位移L	−0.205
6	闭眼单脚站立时间	−0.208

(续表)

序号	指标	系数（dc）
7	标准化步速	−0.622
8	95%椭圆摆动面积	0.541
9	左右摆动路径长度	0.218
10	选择反应时	0.310

姿势控制

运动功能
- 标准化步速
- 横向COP轨迹R
- 第2跖骨受力面积R
- 第1跖骨峰值压力
- 峰值压力点COM位移L
- 触地髋角L

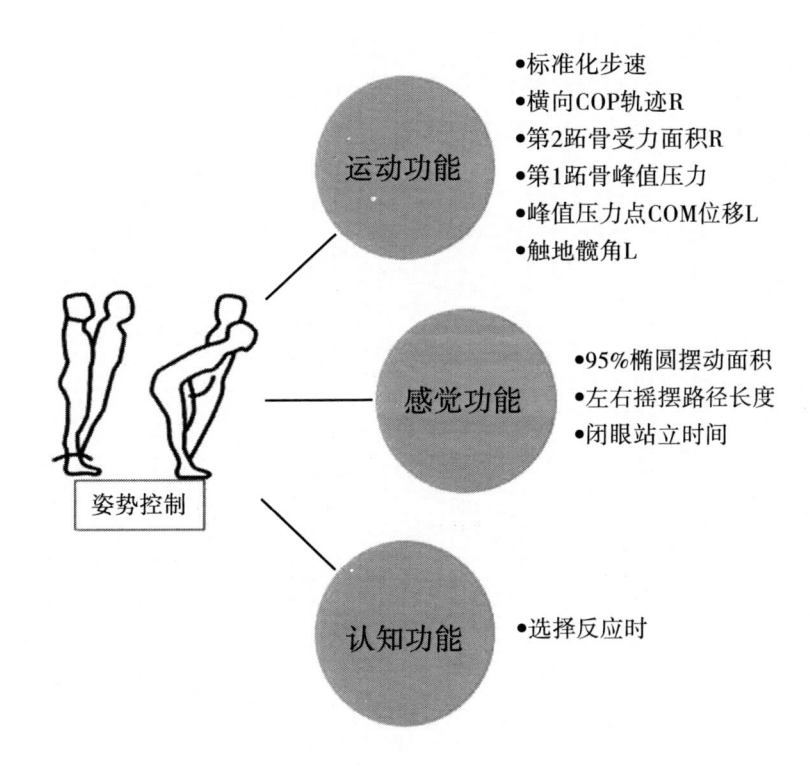

感觉功能
- 95%椭圆摆动面积
- 左右摇摆路径长度
- 闭眼站立时间

认知功能
- 选择反应时

图4-14　老年人跌倒相关姿势控制能力优势判别指标系统构图

五、老年人跌倒相关姿势控制能力优势判别指标分析

以受试者跌倒史作为分组变量通过独立样本 t 检验筛选出组间差异性显著的变量25个，进一步通过逐步判别分析对25个变量进行进一步降维，最终有10

个变量被确定为影响老年人跌倒的姿势控制能力的优势判别变量。分别是标准化步速、95%椭圆摆动面积、第2跖骨受力面积R、选择反应时、横向COP轨迹R、第1跖骨峰值力L、触地髋角L、左右摆动路径长度、闭眼单脚站立时间、峰值压力点COM位移L。此结果与屈莎的研究结果有一定差异，只有选择反应时是共同的优势判别因素，可能与研究的样本范围及研究的侧重点不同有关，另外，对不同仪器设备所获取的相关指标也不尽相同，或指标的概念定义不同等有较大关联。其中，标准化步速、峰值压力点重心位移L、第2跖骨受力面积R及闭眼单脚站立时间为保护性因素，其他为危险性因素。根据第一部分中专家对老年人姿势控制能力的分类体系，将这10个变量进行归类。从归类结果来看，影响老年人跌倒的姿势控制能力中运动功能相关指标占的比重最大，其次是感觉功能能力指标，最后是认知功能能力指标。从指标的权重系数来看，3个功能系统中排在首位的指标依次是：标准化步速（运动功能）、95%的椭圆面积（感觉功能）、选择反应时（认知功能）。与整个姿势控制能力系统归类情况一致。

（一）运动功能优势判别指标分析

1. 标准化步速

使老年人成功运动有3个必要的条件：行进、姿势控制和适应。行进是通过一种基于行走的模式，产生和协调腿及躯干肌肉节律性的活动，以使身体朝着要求的方向运动。在复杂的环境中，成功运动要求老年人步态具有较强的调适能力，以避开障碍物和不平的地面，必要时及时改变速度和方向。步行能力是影响老年人日常活动独立和提高生活质量的重要因素。

步行速度在社区居民活动能力评估方面被认为是一种很好的预测老年人移动功能的指标。步行速度是通过测量1个或几个跨步的平均水平速度来定义的，一般以米/秒（m/s）为计量单位。步行速度是步长和步频的功能体现，年轻人的正常步行速度大约在1.46米/秒（m/s），平均步频是1.9步/秒（约112.5步/分），男性通常是110步/分钟，女性是115步/分钟，平均步长76.3cm。步速降低与肌肉衰退、生理功能受损有直接的关联，并且能够增加活动受限的危险性，特别是在老年人群中，这种危险性更高。

机体的生理功能（如肌肉力量和功率）和功能能力（如步行速度）之间的关联被认为是一种非线性的曲线函数关系，并且可能存在一个阈值。若机体储备能力在阈值水平以上，肌肉力量或功率的增加对步行速度没有影响，但它可以作为一个安全界限。若低于阈值时，肌肉力量或功率的变化往往会引起步行速度的改变。弗龙特拉等人研究指出，人体的肌肉力量在30岁达到最高峰后开始出现下降，60岁时肌肉力量下降至50%，从而导致老年人神经肌肉系统的结构和功能发生退行性变化，并引发肌肉使用率的降低，至少能够引起老年人步速的下降。博安农研究表明，30岁女性青年人的最大平均速度为2.3m/s，而60~70岁女性老年人的最大平均速度为1.7m/s。参孙等人对年龄在19~90岁的118名男性和121名女性进行了身高体重对12米最快行走中的步速、步长和步频影响的研究表明，用身高进行步速的标准化，女性可以降低8%的标准误，而男性可以降低3%的标准误，步长进行身高标准化后，女性可以降低19%的标准误，男性可以降低13%的标准误，但身高标准化步频对男女受试者都没有显著影响。本研究测试结果为了消除身高对步速的影响，以标准化的步速对F组与NF组进行了比较，F组（77.34±13.04）的标准化步速明显低于NF组（81.03±12.42）的标准化步速，组间具有非常显著性差异（$P<0.01$），这一结果与以往学者的研究一致。从判别分析函数中标准步数的标准化影响系数为-0.622，排在所有指标的首位，并且具有保护性影响因素。由此可见，步行速度下降除了对"老龄"人群是一个主要的衡量指标外，还可以作为预测老年人"跌倒"的一个优势判别标识。

刘元标等人指出引起跌倒的第2大原因（占10%~25%）是老年人的肌力减退和步行功能异常，有20%~40%的65岁以上老年人的运动功能受到异常步态影响，75岁以上老年人中10%需要使用辅助设施才能在室内房间之间走动，20%不能独立上下楼梯，还有40%最长行走距离不超过0.5英里。70岁以上健康老年人正常平地步速和步长比20岁青年人平均降低10%~20%。老年人最明显的步态改变表现为步宽加大、双支撑时间延长、躯干前倾角度增大、摆动脚离地距离变小、蹬地加速能力不足等。临床上常用"老年性步态"来描述无明确病理基础老年人行走时缓慢、步宽增加、蹒跚和谨慎行走的特征性步态。用步行特征可以对老年人跌倒进行预测。

王雪研制了一套"行走运动技能适应性量表"，认为得分≤7分时，老年人的行走适应性水平较低，存在着较高的跌倒风险。老年人步速的降低会影响其姿势控制的稳定性。当步行速度降低时，双支撑时间明显增加，当步行周期大约是1.1秒时，双腿支撑时相占步态循环周期的25%，当步行周期增加到2.5秒时，双脚支撑时间大约占到50%。若迈步周期缓慢增加，势必造成单支撑时间及跨步时间的延长，姿势稳定性也会下降。奥伦杜夫等人研究表明，减慢步行速度会增大重心的位移轨迹，在0.7m/s的慢速步行时，重心由中间向外侧移位6.99 ± 1.34cm，在以1.6m/s快速行走时，重心外移3.85 ± 1.41cm，因此在慢速行走中由于重心的偏移距离加大增加了姿势控制的难度，从而稳定性会下降，因此，老年人步速下降是跌倒风险增加的潜在危险信号。

2. 横向COP轨迹R

温特认为压力中心（COP）是人体整体垂直反力作用等效的一点。代表了表面受力的加权平均值，被认为是姿势稳定性研究方面的重要动力学变量。COP由单个测力板的向量确定二维（空间和时间）图的纵向前-后（AP）和横向内侧-外侧（ML）分力。质心（COM）被认为是姿势稳定性研究中重要运动学变量，它被定义为在惯性参照系内等效全部身体质量的一个点。在人体内一般等同于重心（Center of Gravity，COG），但独立于任何引力场。COM是由三维参考定义空间中的每个身体环节的加权平均确定。人的站立位置不是绝对的静态，呈现允许以间接方式描述刚度和姿势控制的振荡。站立时会以平均0.27~0.45Hz的频率产生姿势摇摆。这与神经输入的恒定变化有关，主要起源于脊髓传递信息的水平，这些小的振荡与踝、膝和髋的关节角度的微小变化（1.0°~1.5°）相关联，这导致COM的水平位移接近约4~28mm。为了确保COM保持在理想位置，COP必须承受比COM更大的位移。

考虑COP是个体姿势稳定控制的结果，我们在站立和行走步态分析的时候可以用COP这个变量来评价姿势的稳定性。可以评估在两个平面（矢状面和冠状面）的姿势控制使用策略问题。有些老年人患有某些影响平衡能力的疾病，如帕金森、多发性硬化病等，在患病早期阶段就表现出COP的规律性变化，因此可以通过这一点协助诊断某些可能产生的疾病，但需要注意的是，已有研究表明，当主要功能没有改变时，静态测试COP变化不能进行优势判别。因此在行走动态平衡测试中进行COP的评估更有意义。本研究中通过测试老年人正常行走步态下左右脚的COP轨迹变化情况发现，F组和NF组老年人左脚的COP轨迹无论是在横向（32.18 ± 9.86 vs 31.38 ± 12.05）还是在纵向

（210.49±23.01 vs 215.20±17.33）的变化上都没有显著差异（$P<0.05$）。而在右脚横向（35.61±7.26 vs 29.30±10.71）上COP轨迹的变化位移F组明显大于NF组，组间存在非常显著的差异（$P<0.01$），纵向上两组之间差异没有统计学意义。与李萍等人关于有跌倒史和健康老年人进行对照研究的结果一致。

纳塔尔等人在研究对比多发性硬化病人与健康老年人行走过程中COP的变化结果显示，两组（MS和健康）在横向（ML）COP的左脚位移均小于右脚，此结果也与本研究结果一致。从本研究的结果看，NF组左、右足在行走过程中横向（ML）和纵向（AP）压力中心的轨迹变化都较为均衡，说明其行走过程中的身体稳定性保持较好，而F组老年人纵向（AP）压力中心轨迹双侧比较均衡，但在横向（ML）双侧存在明显的不均衡现象，这与足底分区受压导致非对称性相吻合。

陈岩等人指出有跌倒史的老年人COP曲线在横向（X轴）移动范围就会增大，意味着足侧向摆动增大，足内外翻程度增加，一旦超出人体的控制能力就会失去平衡导致跌倒。这可能与矢状面肌力控制能力下降有关，COP曲线的变化与下肢关节周围肌肉的变化及整个身体重心运动相关联。

李正宇等人研究指出，主动肌和拮抗肌的神经运动模式改变是导致老年人姿势控制不足引起跌倒的主要原因。足底压力测试的主要优点是具有将足触地期间COP的整个变化过程进行可视化的评估能力。通过可视化脚所接触的区域可以分析和确定是否处于稳定的支撑。足底COP信息的获取有助于系统地研究压力变化和下肢姿势之间的关系，这种量化的测量要比临床常见的量表评估的平衡测试更为优势判别，随着传感器技术越来越成熟，压力信息的获取将越来越容易，并且越来越精确，给老年人步态及平衡问题研究带来方便，因此，COP最为优势判别的姿势控制能力指标将在老年人跌倒风险评估方面会有更大的发展空间。

3. 第1跖骨峰值力L

在步行过程中，双足不但起着减震的关键作用，而且足跟触地以适应不规则的表面，并于产生向前推进的动量，尽管足部解剖结构非常相似，但不同个体之间、不同年龄性别之间足的功能会有所不同。第1跖骨位于前足内侧，在行走过程中是一个重要的着力点，从足跟着地过渡到前足着地，最后完成蹬地的过程中，COP是地面反作用力作用于足底表面的垂直分量，是由一系列坐标形成的轨迹，它从足跟触地开始到前脚掌最后结束于大拇趾。因此，第1跖骨是COP轨迹的必经之路。它是重要的足部支撑点和行走中的推进点。

本研究结果表明，F组与NF组的左足第1跖骨体重标准化的峰值压力（1.50±1.25 vs 1.20±0.76）存在显著差异（$P<0.05$），且F组大于NF组；而右足的第1跖骨标准化峰值压力，F组小于NF组，差异性不显著。从组内比较来看，两个组都表现出右足第1跖骨峰值压力大于左足的现象。此结果与李萍等人对F组和NF组第1跖骨测量统计结果不一致，除了样本差异之外，可能与测试数据未进行体重标准化有一定影响。但本研究结果与国内外大多数相关文献报道一致。

霍洪峰等人对48名老年人（63.3±3.6岁）健步走和自然行走状态下进行足底压力测量与分析表明，不同行走方式下第1跖骨区域都表现出较高的峰值压力，健步走第1跖骨压力高于自然行走。并指出，步速增加会引起足部的生物力学代偿机制，导致压力向前、后足转移，同时为适应速度的增加，相应增加足内侧压力以维护足的稳定。

门茨等人通过对172名老年人（80±6.4岁），进行正常行走时的足底压力测试，其体重标准化后第1跖骨峰值压力为1.65±0.47，并通过多元回归分析发现，在第1跖趾关节下的负荷与该关节的活动范围相关，并且第1跖趾关节运动范围和拇外翻畸形的程度相关，指出因受试者活动范围增大，导致该区域足底被施加了更多的力。足的结构和功能的改变会造成足底局部压力升高，随着老年人年龄增长，下肢肌力衰退，导致步态结构的改变，势必会影响某区域足底压力的变化。

卡瓦纳等人通过对50名无症状足受试者进行了足部27项参数的测量与分析，通过逐步回归统计表明，少数指标的测量就可以解释步行中足跟和第1跖骨峰值压力约35%的方差。这进一步证实静态足的结构变量可作为行走动态足的功能预测因子。并指出：第1跖骨的峰值压力比足跟峰值压力的预测成功率更高（38% vs 31%）。目前，在糖尿病患者足部的研究中，跖趾关节的峰值压力是最重要的预测变量。

4. 触地髋角L

触地髋角L是老年人自然行走步态中运动学的一个关节角度指标，是指左脚着地瞬间髋关节的角度。从统计结果表明（见表4-13），F组的左脚着地瞬间髋关节的角度（170.31±5.52）与NF组（166.46±4.11）存在显著差异（$P<0.01$）。并且F组的左脚着地髋关节角度明显大于NF组。这一结果与默里等人提出的老年人与年轻人在足跟触地时下肢的位置不同非常相似。因为着地脚触地瞬间的位置远离重心投影点还是靠近重心投影点与髋关节的角度有直接的关联。默里等人通过比较年轻人和老年人在自然行走和快速行走过程中的髋、膝、踝等关节的运动学特征，以及由于步速不同引起的步长、步宽及支撑时间的变化。发现与年轻人相比老年人的步长明显缩短，尤其是在快速行走时，头部垂直引动减小而侧向移动增大，全部关节的旋转模式成为更伸展的位置。并且老年人与年轻人具有明显不同的步行模式。由于老年人的步长缩短，在着地瞬间支撑点与重心的投影点距离也相应缩短，大腿与躯干的夹角必然增大，即髋关节角度会增大。

本研究结果的另一个现象就是左侧髋关节角度存在组间差异，而右侧髋关节角度并无显著性差异（F组：162.90±23.18；NF组：164.41±22.71），造成这一结果的原因可能是，多数受试者右腿是其惯侧肢，相对于左侧的非惯侧肢来讲，无论是从肌肉力量还是本体感觉功能都可能占有优势，行走中对于安全的自信程度要更强，所以敢于迈出更大一些的步伐，这对于F组的老年人至关重要，可能会导致其右侧着地支撑点比左侧更趋向于远离重心投影点，从而减小了右侧髋关节的角度。而从数据统计来看，对于NF组老年人着地时髋关节角度左、右侧之间没有明显差别。

德维诺等人从动力学的角度探讨了老年人行走过程中髋关节角度的变化特征，为了进一步探索老年人关节力矩和能量减少与步行速度及步态模式之间的关系，测试了以同样速度步行的年轻人和老年人，结果发现两组的支撑角推动力相同。但老年人髋部使用超过了58%的角推动力以及髋关节做了29%的功；膝关节使用了少于50%角推动力以及做了少于39%的功；踝关节使用了少于23%的角推动力以及做了少于29%的功。与年轻人相比，老年人对关节的力矩及做功进行了再分配，当以相同的速度行走时，老年人较多地使用髋、膝伸肌而踝的跖屈肌使用较少。由此可见，行走中髋的角度表现了老年人对于身体姿势的控制能力，是老年人跌倒风险的一个重要观测点。

5. 第2跖骨受力面积R

足底受力面积是指足底10个解剖分区与地面接触区域的大小，在行走过程中，足底与地面的接触面积对局部压强有较大影响。本研究结果表明，F组与NF组的右足第2跖骨受力面积（11.00±2.37 vs 12.90±1.47）存在显著性差异（$P<0.01$）。且表现为F组受力接触面积要小于NF组，左足无明显差异。但组内比较右足受力面积要明显大于左足，说明不管是F组还是NF组老年人左右侧的足底接触面积均存在不均衡现象。通过判别分析可知，第2跖骨受力面积R是跌倒保护因素。F组的第2跖骨接触面积R较低可能与其右足的支撑不稳定有关，接触面积是支撑稳定性的重要因素之一。

王永慧等人研究发现：自然行走步态中无论是总的足底接触面积还是各区域的接触面积都表现出随年龄增加而增大的现象，且60岁以上老人足底接触面积的排序：前足>足跟>足弓>总足趾。张庆来等进一步研究表明正常青年人行走过程中足底接触面积最大的部位在足中部，其次是大拇趾（第1趾）和足跟部。可见，随年龄增加足部结构会发生足弓塌陷、相关肌肉及筋膜退化松弛，老年人的足部接触面积增大。局部支撑面积减小可能预示着其足部的控制能力减弱，支撑稳定性下降。理论上足底压力应该等于垂直压力与接触面积的商。说明当局部受力面积减小，可能会引起该部位压强的增大，表现为局部的压力升高。

穆拉特等人研究指出，老年人由于足底表面本体感受器发生改变，踝关节活动度减小，足底肌肉、脂肪垫的萎缩，鹰状趾、锤状趾的增多，在行走过程中可能会促进局部足底压力升高，行走速度越快，垂直于地面的反作用力增大，足底压力越高。另外，国内外多数研究证实了行走过程中足跟和第2跖骨是最主要的峰值压力区，行走过程中足跟、第2跖骨和大拇趾是足与地面的主要支撑力点。因此，若单侧第2跖骨的接触面积减小，可能意味着老年人行走过渡期支撑稳定性下降，局部压力增高，是导致跌倒风险增大及足部慢性损伤的潜在因素。

6. 峰值压力点重心位移L

通过三维录像和足底压力同步测量分析，获得自然行走过程中，足与地面产生最大峰值力点时的重心位移情况。通过统计分析表明，F组与NF组双足着地达峰值力点时的重心位移（L：0.21±0.11 vs 0.30±0.12；R：0.22±0.11 vs 0.28±0.14）存在非常显著性差异（$P<0.01$），且F组重心位移明显小于NF组。人类步态主要可分为支撑站立相和摆动相，正常的步态要完成3个基本任务：行进、姿势控制和适应。这要求在支撑时相，需要通过和地面的相互作用

产生一个水平方向的作用力,并且还要产生一个垂直方向的力去支持体重以抵抗重力。此外,用于完成行进和姿势控制的策略必须能够适应性调整速度和方向的变化。

本研究中的峰值力点就是单脚支撑站立相中的一个重要时刻,一般成人大约有60%的迈步周期用在站立相,40%用在摆动相。因此,在站立相时,足与地面产生最大作用力时的身体重心位移情况,对步态稳定性有重要影响。从以往文献研究来看,F组老年人重心位移较低可能是行走过程中的一种代偿性反应,主要是由运动功能减退而导致。桑德斯等人很早就提出步行中身体重心位移最小化可以节省能量的观点。但引起了一些争论,认为不能仅仅以髋关节在矢状面的运动来衡量重心的变化。法利等人发现减少垂直位移并不能降低步行中的能量消耗,但可以使机械能的转移保持动力学顺畅,从而降低步行中的能量消耗。由此可见,重心变化对行走中能量有较大影响,F组老年人可能由于下肢肌力的衰退,步行中推进力会降低,并且处于一种保护性调节机制,其尽量保持低重心完成支撑过渡。

温特等人研究指出,老年人行走中蹬地推进力较弱有两种解释:一是踝跖屈肌肌力减退;二是确保更为安全的迈步进行了适应性改变。因为大的推进力会使足在前后方向移动幅度增大,增加行走的不稳定性。需要注意的是,本研究中虽然两组老年人左右双侧在重心位移上都有显著性差异,但是通过逐步判别优势判别指标的筛选,只有左足的重心位移被选入,说明左足着地支撑站立相重心位移对于老年人跌倒更为优势判别,可能的原因与多数受试者左侧为非惯用肢有一定关系,非惯用肢的肌力、本体感觉及控制能力相对于惯用肢要弱,因此在步行过程中可能保持了更为稳健的迈步策略,已经产生了适应性的改变。

(二)感觉功能优势判别指标分析

1. 95%椭圆摆动面积

姿势摇摆是由于控制身体的位置而导致对身体运动的纠正与调整过程。一般是通过测量安静站立状态下,受试者努力去保持身体平衡而做出的反应,若身体姿势摇摆幅度增大,说明受试者付出了更大的努力去控制身体,也可以说明受试者的平衡能力较差。姿势不稳定性被认为是引起跌倒最主要的内在因素,并且能潜在地被干预和影响。已有很多研究证实,即便是健康的老年人与年轻人相比在站立姿势的控制能力上都存在明显不足。衡量姿势摇摆程度一般用摇摆面积，重心的摇摆轨迹和摇摆频率，其中常用的测量评价姿势摇摆指标包括：95%椭圆面积、总摇摆面积、左右前后的摆动幅度、摆动速度、摆动路径长度及摆动频率等。

任超学等人通过对受试者在测力台上前后脚串联站立30秒测试后，所得数据分别进行矩形法、积分法和95%置信椭圆法的面积计算，对照四种计算方法对测试评价结果的影响，对于足底压力中心总体面积的描述，理论上95%置信椭圆法比矩形法更为精确，因为在采样频率为500Hz的三维测力台上，20秒之内人体的调整数据就能达到10万次，如果这其中有几次大的调整出现，就会对压力中心的横轴或纵轴位移产生较大影响，进而会增加矩形法计算的移动面积，但这会导致对姿势控制能力的误判，而95%的置信面积只是分析了95%的数据，且通过半径的计算弱化了转移范围增大对移动面积的影响。因此，采用95%的置信椭圆面积对于结果的评价更可靠。另外，在实际操作中为了深入验证某些条件改变对身体姿势控制能力的影响，可以在基本站立姿势基础上采取加入多种干扰因素进行测试，比如睁眼、闭眼测量双脚站立30秒或单脚站立30秒或站在软的支持面上测试。

本研究为了评估不同受试者的前庭功能，对受试者在完成一个360°转身之后的睁眼站立30秒进行测量。统计结果表明（见表4-16），F组的95%椭圆面积（0.13±0.07）明显大于NF组（0.04±0.03），组间存在非常显著性差异（$P<0.01$），说明有跌倒史的老年人在完成转身后，由于其较弱的前庭功能，导致其对站立姿势的稳定性控制表现的更加困难，身体重心的晃动幅度加大，在短时间内对姿势的调控能力下降。通过判别函数的标准化系数来看，95%椭圆面积的标准化系数为0.541，权重处于所有指标中的第2位，说明其对老年人的跌倒影响较大，该指标属危险性因素。从以往的研究来看，95%椭圆面积是跌倒评估中应用最多的指标之一。

塔帕等人通过对303名流动护理社区的老年人进行了11个月的跟踪调查，并进行了一系列平衡相关的测试，包括姿势摇摆测试、伸展功能测试、蒂内蒂平衡量表、椅子坐起计时和10英尺步行等，有118名发生了复发性跌倒，结合一年前的基线测试数据分析表明，在控制了其他一些影响因素以外，发现只有95%椭圆面积和蒂内蒂平衡量表能够预测后来发生的跌倒。并指出它们可能是预测跌倒最好的两个指标。但通过进一步分层研究表明，发现这两个指标在预测跌倒中处于同一个模型中，说明这两个指标并不能独立的去预测跌倒，可能的原因是与跌倒相关的因素非常复杂，单纯以姿势摇摆（静态）或蒂内蒂量表（动态）去进行评估不能体现所有跌倒者的实际平衡状况。目前之所以没有全球公认的跌倒风险评估指标和方法，是因为还没有哪一个指标都够完全解释造成跌倒的所有原因，因此，跌倒病因学的复杂性引发了对多因素预防策略的研究需求，这需要通过大量的临床实践研究，才能够寻找到最佳的组合方法，用尽可能少的指标去评价和预测跌倒的发生。

2. 左右摆动路径长度

摇摆路径是评价姿势摇摆中另一个常用的指标参数。一般都是按照相对人体位置的前后（AP）和左右（ML）方向来进行测量和分析。许多研究已经证实，老年人和年轻人对于重心移动趋势的相关参数方面存在明显的左右侧的不同，并且老年人在左右方向上摇摆参数变化对跌倒具有较高的优势判别性。从本研究结果中可知（见表4-16），F组和NF组的左右摆动路径长度和左右摆动平均频率两个左右方向的指标均存在非常显著性差异（$P<0.01$），左右摆动路径长度表现为F组（3.48±1.63）明显大于NF组（2.78±1.14），而在左右摆动的平均频率上F组（0.78±0.26）明显低于NF组（0.92±0.34）。

梅基等人在一项老年人姿势控制与跌倒的追踪研究中发现了类似结果，经过对受试者进行1年的随访，记录了这期间有37名受试者发生了120次的跌倒，发现在所选定的有关姿势控制的参数中左右方向上表现出较高的优势判别性。并指出跌倒者在左右方向的平均摆动频率明显低于未跌倒者。与本研究的结果一致。左右方向上参数的变化与年龄变化相关，显示出在左右姿势控制力的低频成分，这说明在静态站立中出现比较慢的姿势偏移或者说是体重的左右转换。

尽管本研究中左右摆动频率组间存在明显差异，但是通过逐步判别分析，它并没有被确定为最终的优势判别指标，这说明跌倒问题是非常复杂的，并且受很多不确定的因素所影响，但稳定性被充分地扰动，导致失去平衡，此时没有足够的时间或肌肉力量去控制，不能有效恢复和适应外界的扰动，可能就发生了跌倒。好多研究已经关注到为什么老年人会跌倒，但是很少能够从详细的生物力学参数中去寻找跌倒的原因。日常生活中的行走转身、上下楼梯以及提取物品等都必须依靠姿势控制系统来保持侧向的稳定性，为了适应年龄变化而导致的左右稳定性的改变，老年人步行中往往通过改变步宽来补偿性地提高左右侧的稳定程度，这些改变可以作为一种标识去探索随年龄增长导致稳定性下降的问题。

3. 闭眼单脚站立时间

闭眼单脚站立是我国规定的国民体质测试项目之一。它是通过测量受试者在没有任何视觉参照物的情况下，仅依靠大脑前庭器官的平衡感受器和全身肌肉的协调运动，来维持身体重心在单脚支撑面上所能坚持的时间，以反映受试者静平衡能力的强弱，主要用来评价位置感觉、视觉和本体感觉间的协调能力。尽管它是平衡能力的一个重要评价指标，但从视觉影响的角度考虑，更倾向于对本体感觉功能的解释，因此将其纳入感觉能力的评价更有意义。临床中还有一种常用来测试眩晕病人的"昂白测试"（Romberg Test，RT），要求受试者闭眼双脚站立，若躯干产生倾斜，不给予支撑则出现倾倒，即便坐在椅子上仍然产生倾倒，出现这种体征现象的患者可定义为Romberg综合征，是本体感觉的脊髓长束受损所致。后来该方法又衍生出许多种测试方法，比如，两脚前后串联站立的测试，两脚并拢站立双臂前举或站在柔软的泡沫板上测试等。

阿格拉沃尔等人利用改良的Romberg测试法（闭眼双脚站在16×18×3英寸泡沫垫上）对美国5086名（≥40岁）的成年人进行测试，结果表明，针对所有不同性别、种族、民族的受试者，站立时间都随着年龄的增加而减少，并指出站立时间如果在20秒以下者，其跌倒的几率就增加3倍以上，对于年龄在60～69岁的受试者，20秒可作为预测跌倒风险的阈值。但也有学者指出，RT测试的原意是足部的本体感觉缺失，可以被视觉充分代偿，RT阳性表明脊髓病变（较高程度的本体感觉缺失或较高中枢病变），而对于正常人或前庭及小脑损害时，这种测试并不是优势判别。袁金风等人研究表明：闭眼单脚站立的难度系数低于起立行走、闭眼原地踏步、米字型测试及改良功能前伸等多种平衡测试方法，其简单易行，并且对年龄的优势判别性较高。但同时也指出，测试中由于老年人个体差异较大，可能会出现部分老年人不能单足站立，或者站立时间过短，在1～5秒，甚至低于1秒的现象，所以对于此类人群应用闭眼站立测试的平衡能力区分度较低，另外，闭眼单脚站立方法应用于老年人具有一定的风险。但本研究中未出现低于1秒的现象，测试中低于5秒的受试者有8人，可能与本研究中支撑脚的选择有关，为了减少测试的危险性和疲劳对测试的影响，本研究只选择了受试者的惯侧肢进行闭眼站立测试。

从统计结果表明（见表4-8），F组闭眼单脚站立时间（8.06±4.51）低于NF组（9.38±5.21），组间具有显著性差异（$P<0.05$）。此结果与同类研究基本一致。但有些研究指出睁眼单脚站立测试可能更适合于老年人群体。

库博等人指出睁眼单脚站立计时作为一项简单静平衡能力测试，可以减少老年人恐惧心理因素的影响，能更好监测老年人的站立姿势控制能力。需要指出的是测试青少年的平衡功能时睁眼单脚测试是不合适的，对于老年人和患者，睁眼单脚测试则适应性较好。但无论是睁眼还是闭眼都可以监测个体的平衡能力，只不过侧重点有所不同，包括睁眼、闭眼以及改变视敏度等都是通过考察视觉通道开启状态对姿势肌肉运动控制的影响，对于闭眼测试重在考察被检肌肉激活时间、激活强度及相关肌群间活动的协同性等，以实时刻画视觉通道状态改变对肌肉活动的影响。更能体现人体的感觉系统及肌肉的神经调控系统的协调能力，对于评估老年人的感觉功能对姿势控制能力的影响更有意义。因此，本研究选取典型的闭眼单脚站立常规测试方法，更具有普适性。

（三）认知功能优势判别指标分析

反应时间（Reaction Time，RT）简称反应时，又称为反应潜伏期，是指从接受刺激到机体做出反应动作所需要的时间。反应时作为一种可靠的心理认知活动指标，可以测定大脑皮层的兴奋和抑制功能，分析人的感觉、注意、学习与记忆、思维、个性差别等各种心理活动。而动作控制是由感觉系统、中央处理系统和效应器共同完成的，根据身体相对于环境的动作取向，通过感觉系统的视觉、本体觉、位置觉等信息的输入，中央处理控制系统评估和整合感觉输入并为效应器选择适当的感觉运动反应，效应器则执行响应感觉信息的输入，最后完成指定的动作。因此，在动作控制过程中的反应时间是以上信息传递过程的积累，即：刺激使感受器引起神经冲动传递到感觉神经元的时间；神经冲动从感觉神经元传递至大脑皮层的感觉中枢和运动中枢，又从中枢经运动神经到达效应器官的时间；效应器接受冲动引起运动的时间。

当老年人意识到其姿势处于危险状态或跌倒临界状态时，需要做出适当选择及快速的神经反应去调整该动作以降低跌倒风险，然而随着年龄的增长，老年人各器官生理机能衰退，视觉前庭器官敏锐度下降，动作反应时间延长。许多研究已证实，随年龄的增加简单反应时会增加，这些研究多数是用手指按压来测试反应速度的快慢，主要强调对时间判断的作用，但他们认为手指触压简单反应时的增加是老年人跌倒的一个重要危险因素。从研究数据可知，本研究中F组的反应时（0.85±0.21）明显大于NF组（0.71±0.18），组间具有非常显著性差异（$P<0.01$）。此结果与洛德等人的研究结果一致。伍利等人研究表明，手指触压选择反应时能够区分跌倒和非跌倒以及是否正在经受跌倒相关的骨折。格拉比内尔也指出跌倒者比非跌倒者在手指触压的简单反应时和选择反应的时测试中表现出用时增加，说明其中包含了非常复杂的肌肉运动反应。常见的反应时测试方法包括简单反应时（Simple Reaction Time，SRT）和选择反应时（Choice Reaction Time，CRT），本研究采用的是国民体质监测中常规的选择反应时测试方法，通过统计分析和逐步判别，发现选择反应时对老年人跌倒具有较高的优势判别性。但目前有学者研究认为，下肢的迈步选择反应时（Choice Stepping Reaction Time，CSRT）对老年人的跌倒更为优势判别，认为下肢选择反应时的测试包含了神经生理系统、肌肉系统、感觉系统等多个功能系统的协调能力，并且，CSRT作为一种跌倒预测的模型，它包含了意愿和注意的认知成分。这与当前有关注意力对跌倒影响研究中普遍采用的双任务测试有直接关系。

洛德等人通过对447名老年人（79.2±6.2岁）进行CSRT测试，发现有跌倒史的老年人迈步选择反应时（1.32±0.33）明显大于非跌倒者（1.17±0.20），认为CSRT的衰弱是一个重要且独立的预测老年人跌倒的优势判别指标，因为它是视觉对照和下肢本体感觉两种测量方法的互补，测量过程中包含了下肢力量、中枢信息处理速度以及平衡能力。目前，国内文献中对于下肢选择反应时的相关研究较少，仅发现一篇关于上肢和下肢选择反应时的对照实验研究。王东海通过对140名平均年龄70岁老年人（F组56人，NF组84人）分别进行了上肢和下肢选择反应时的测试，发现上肢反应时两组之间并未出现显著差异，而下肢则表现出组间有显著差异，F组下肢反应时的受试者工作特征曲线ROC值为0.98，说明下肢反应时对跌倒预测有较高的优势判别度。但此研究并没有明确指出F组的上肢与下肢反应时之间的内在关联。

因此，关于老年人反应时的测试问题还需要进行更加深入的研究，不仅是上肢、下肢的反应时问题，还包含了双任务或多任务测试对老年人反应时或注意能力的认知影响等方面，本研究双任务测试采用的是脚的灵敏度测试，虽然没能被筛选为优势判别指标，但F组与NF组之间存在显著性差异，说明脚的灵敏性对跌倒有较大影响，此方法既检测了注意力，同时也检测了下肢反应能力，并且测试风险低，其跌倒预测性能有待进一步深入研究。从当前我国国民体质监测的发展情况来看，简单反应时或手指触压反应时由于其操作简单易行、测试风险性低、普及性高等优点，仍然适合于对普通老年人进行测量与评价。

小　结

（1）根据优化测试方案对受试对象进行了运动功能、感觉功能和认知功能相关指标的测量，并以受试者既往跌倒史为分组变量，采用独立样本 t 检验进行组间差异性指标的筛选。统计分析结果表明，共有25个指标组间存在显著性差异。

（2）运动功能相关差异性指标分别为：5次坐立计时（$P=0.000$，$P<0.01$）、10米最大步行速度（$P<=0.002$，$P<0.01$）、闭眼单脚站立时间（$P=0.036$，$P<0.05$）、标准化步速（$P=0.029$，$P<0.05$）、双支撑时间比率（$P=0.000$，$P<0.01$）、转身步数（$P=0.002$，$P<0.01$）、第1跖骨峰值力L（$P=0.047$，$P<0.05$）、足跟外侧冲量L（$P=0.000$，$P<0.01$）、足跟外侧冲量R（$P=0.000$，$P<0.01$）、大拇趾冲量R（$P=0.028$，$P<0.05$）、第2跖骨受力面积R（$P=0.002$，$P<0.01$）、缓冲期接触时间L（$P=0.001$，$P<0.01$）、前脚掌着地接触时间R（$P=0.009$，$P<0.01$）、横向COP轨迹R（$P=0.000$，$P<0.01$）、触地髋角L（$P=0.000$，$P<0.01$）、峰值压力点COM位移L（$P=0.003$，$P<0.01$）、峰值压力点COM位移R（$P=0.000$，$P<0.01$）。

感觉功能相关差异性指标分别为：视力（$P=0.000$，$P<0.01$）、髋动觉方位（$P=0.007$，$P<0.01$）、95%椭圆摆动面积（$P=0.000$，$P<0.01$）、左右摆动路径长度（$P=0.001$，$P<0.01$）、左右摆动平均频率（$P=0.000$，$P<0.01$）。

认知功能相关差异性指标分别为：双任务（$P=0.000$，$P<0.01$）、选择反应时（$P=0.001$，$P<0.01$）。

（3）根据逐步判别分析和典型判别分析的筛选，共有10个变量被确定为影响老年人跌倒的姿势控制能力优势判别指标。根据标准化判别系数大小排列依次为：标准化步速>95%椭圆摆动面积>第2跖骨受力面积R>选择反应时>横向COP轨迹R>第1跖骨峰值力L>触地髋角L>左右摆动路径长度>闭眼单脚站立时间>峰值压力点COM位移L。

第五章　基于姿势控制能力的老年人跌倒风险预测模型构建与验证

人工神经网络（Artificial Neural Networks，ANN）是一种应用类似大脑神经突触连接结构进行信息处理的数学模型，是由大量处理单元(神经元Neurons)广泛连接而成的网络，是对人脑的抽象、简化和模拟，反映人脑的基本特性。它是从人脑的生理结构出发来研究人的智能行为，模拟人脑信息处理的功能，并基于数学统计学类型的学习方法得以优化，通过一种函数建立一种逻辑策略的表达，具有类似人类一样的简单判别能力，这种决策方法比传统的逻辑学推理更具有优势。本部分将采用人工神经网络里应用最广泛也相对最成熟的反向传播神经网络（Back Propagation，BP），以老年人跌倒的姿势控制优势判别指标作为BP神经网络的输入变量，通过构建训练网络对样本进行训练和网络学习从而构建预测模型，然后应用预测神经网络模型对测试样本和检验样本进行效果判别，通过预测值和实际值的比较得出预测的正确率，最终确定基于姿势控制能力的老年人跌倒风险的预测模型。

第一节　研究方案设计与实施

一、研究对象

将第2部分中通过逐步判别分析筛选的10个优势判别指标作为BP神经网络的输入变量，用200名受试者作为训练样本进行网络训练与测试，用于构建神经网络预测模型。最后用跟踪随访6个月的84名受试者作为测试样本进行模型验证。

二、研究方法

（一）BP神经网络结构模型构建

1. 设计思路

将第2部分中筛选出来的10个优势判别指标作为网络的输入变量。将"跌倒"（=1）与"非跌倒"（=0）两类预测结果作为输出，用BP神经网络对训练集（200个样本）进行训练，得到最佳的训练网络，用测试集（84个样本）进行验证并对测试结果进行分析。

2. 设计步骤

本研究使用当前最新版本的MATLAB R2016a进行BP神经网络的构建与实现。MATLAB是目前世界最流行也是众多学科广泛应用的大型计算软件之一。基于BP神经网络的老年人跌倒特征分类算法建模包括BP神经网络构建、BP神经网络训练和BP神经网络分类预测三步。具体流程如图5-1所示。

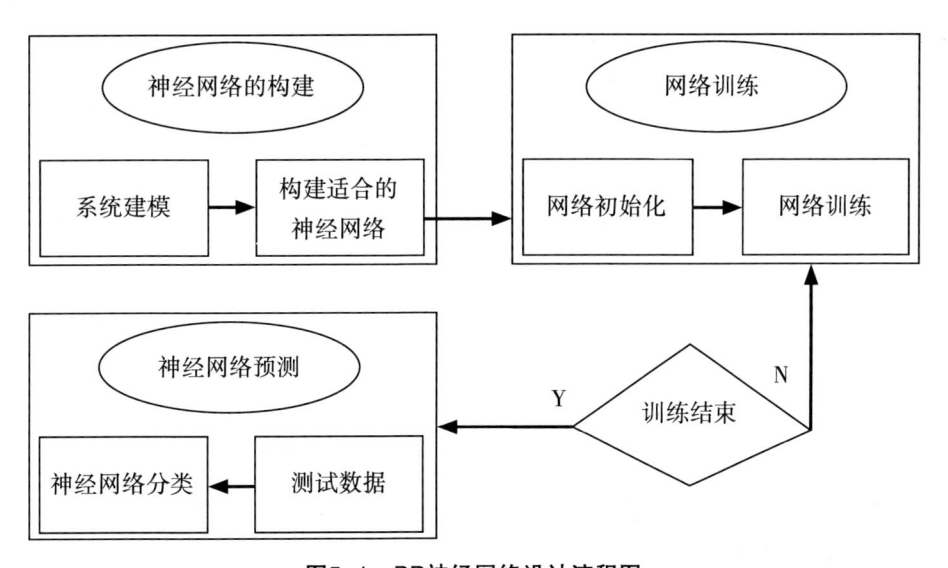

图5-1　BP神经网络设计流程图

3. 模型构成

BP神经网络是一种多层结构的前馈神经网络，该网络的显著特点就是信号按照输入→输出的方向向前传递，误差则反向传播。在向前传递的过程中，输入信号从输入层（Input Layer）经隐含层（Hidden Layer）逐层处理直至输出层（Output Layer）（图5-2）。每一层的神经元状态只影响下一层神经元状态。如果输出层得不到期望的输出，则转入反向传播，根据预测误差调整连接权值和阈值，从而使BP神经网络预测输出不断逼近期望输出。通过不断用一个个训练网络模式重复前向的传播和逆向的误差传播过程，当"模式顺传播"与"误差逆传播""记忆训练""学习收敛"过程都满足要求时，说明BP网络已经学习好了。BP神经网络可以看成是一个非线性函数，网络输入值和预测值分别为该函数的自变量和因变量，当输入节点数为n，输出节点数为m时，BP神经网络就表达了从n个自变量到m个因变量的函数映射关系。本研究构建的BP神经网络包含了输入层（10个单元数目）、隐含层（12个单元数目）和输出层（2个单元数目）3个部分。

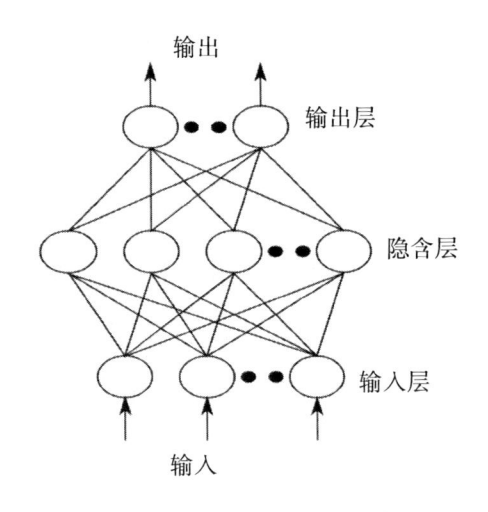

图5-2 BP神经网络拓扑结构示意图

（二）BP神经网络算法

BP神经网络的学习仍然是有监督的学习，训练过程需要提供输入向量p和期望相应t，训练过程中网络的权值和偏差根据网络误差性能进行调整，最终实现期望的功能。向前型的神经网络仍然采用均方误差（Mean Squared Error，MSE）作为默认的网络性能函数，网络学习的过程就是使均方误差最小化的过程。BP神经网络的学习算法有很多变化形式，主要包括：动量BP算法、学习速率可变的BP算法、弹性BP算法、变梯度BP算法、拟牛顿算法、LM算法等，本研究采用其中最常用的LM（Levenberg-Marquardt）算法。对应的训练函数也很多，主要包括：traingd、traingdm、taingdx、trainrp、traincgf、traincgp、traincgb、trainlm、trainoss、trainbr等，本研究采用的trainlm训练函数。

LM算法期望在不计算Hessian矩阵的情况下获得高阶的训练速度。误差性能函数可以表示为平方和的形式，此时，Hessian矩阵可以近似为：

$$H=J^TJ$$

而梯度为：

$$G=J^Te$$

其中，J^T为雅克比矩阵，包含了网络误差函数对于权值和偏差的一阶导数，e是网络误差向量。雅克比矩阵可以通过标准的BP算法计算得到，这样的计算量要比计算Hessian矩阵减少很多。

LM算法的更新过程应用了上述方法来近似计算Hessian矩阵。公式表达如下：

$$x_{k+1}=x_k-[J^TJ+\mu I]^{-1}J^Te$$

其中，如果标量因子$\mu=0$的话，就变成近似Hessian矩阵的拟牛顿法，如果因子μ很大的话，即成为小步长的梯度下降法，由于牛顿法在误差极小点附近通常能够确定收敛得更快更精确，因此算法的目的是尽快转换为牛顿法。如果训练成功，误差性能函数减小，那么就减小μ的值；如果训练失败，就增大μ的值，利用这种方法，可以使得误差性能函数随着迭代的进行而下降到极小值。MATLAB工具箱中提供的trainlm函数就可以实现LM算法，利用newff函数生成神经网络的时候，如果不指定学习算法的话，网络的默认学习算法就是LM算法。对于包含了几百个权值的中等规模的向前网络，LM算法是目前最快的训练算法。因此可以多次尝试重复训练，寻找最佳的BP神经预测网络。

（三）BP神经网络模型的训练步骤

1. 网络初始化

根据系统输入输出序列（X，Y）确定网络输入层节点数n、隐含层节点数l，输出层节点数m，初始化输入层、隐含层和输出层神经元之间的连接权值w_{ij}

和 w_{jk}，初始化隐含层阈值 a，输出层阈值 b，给定学习速率和神经元激烈函数。

2. 隐含层输出计算

根据输入向量 HX，输入层和隐含层之间连接权值 w_{ij} 以及隐含层阈值 a，计算隐含层输出 H。

$$H_j = f\left(\sum_{i=1}^{n} w_{ij} \chi_i - a_j\right)$$

式中：$j=1, 2, \cdots, p$，p 为隐含层的节点数；f 为隐含层激烈函数；x_i 为该节点的输入；w_{ij} 为从 i 到 j 的连接权，初始权重随机设为 [0，1] 区间较小的数；a_j 为临界值。该函数有多种表达形式，本研究所选函数为：

$$f(x) = \frac{1}{1+e^{-x}}$$

3. 输出层输出计算

根据隐含层输出 H，连接权值 w_{jk} 和阈值 b，计算BP神经网络预测输出 O。其中，$k=1, 2, \cdots, m$；b 为网络阈值。公式表达如下：

$$O_k = \sum_{j=1}^{p} H_j w_{jk} - b_k$$

4. 误差计算

根据网络预测输出值 O 和期望输出值 Y，计算网络预测误差 e。

$$e_k = Y_k - O_k$$

5. 权值更新

根据网络预测误差 e 更新网络连接权值 w_{ij} 和 w_{jk}。

$$w_{ij}=w_{ij}+\eta H_j(1-H_j)x(i)\sum_{k=1}^{m}w_{jk}e_k$$

$$w_{jk}=w_{jk}+\eta H_j e_k$$

式中，η 为学习速率；$i=1, 2, \cdots, n$；$j=1, 2, \cdots, p$；$k=1, 2, \cdots, m$。

6. 阈值更新

根据网络预测误差 e 更新网络节点阈值 a，b。公式表达如下：

$$a_j=a_j+\eta H_j(1-H_j)\sum_{k=1}^{m}w_{jk}e_k$$

$$b_k=b_k+e_k$$

式中，$j=1, 2, \cdots, p$；$k=1, 2, \cdots, m$。
最后判断算法迭代是否结束，若没有结束，重新返回步骤2。

第二节 老年人跌倒风险BP神经网络预测模型构建

1. 数据整理

将284个有效研究样本（其中F组78人，NF组206人）中标准化步速、95%椭圆摆动面积、第2跖骨受力面积R、选择反应时、横向COP轨迹R、第1跖骨峰值力L、触地髋角L、左右摆动路径长度、闭眼单脚站立时间、峰值压力点COM位移L这10个变量作为输入变量。考虑到BP神经网络要求的训练演变数量为输入变量个数的最佳值的10~20倍，因此，按照上限随机抽取将200个样本作为训练样本，84个样本作为验证样本。并在指定文件夹下建立一个Data.xlsx数据文件，以备Matlab调用。

2. 构建BP神经网络结构

BP神经网络的构建主要包括输入层、隐含层、输出层节点数及各层之间传递函数的选择与确定。Robert证明了对于任何闭区间内的一个连续函数都可以用一个隐含层的BP神经网络来逼近。对于BP网络层数要根据研究的实际需要来确定，增加网络层数尽管可以不同程度地提高精度和降低误差，但会造成网络复杂化后的过分拟合、容错性下降，训练和学习时间不足等，但网络太小，根本不能收敛。本研究是一个比较常规的二分类的预测问题，选择一个输入层、一个隐含层和一个输出层的三层典型BP神经网络即可以满足研究的需要。

首先要确定输入层的节点数。输入层的节点数一般等于要训练的样本矢量维数。本研究将逐步判别分析筛选出来的10个变量作为BP神经网络的输入层节点数。隐含层神经节点数的选择是比较复杂的问题，没有精确的选择标准，只能根据公式$L=\sqrt{m+n}+\alpha$，其中L为隐含层的节点数，m为输入的节点，n为输出的节点数，α为1~10的常数。在实际的BP神经网络设计中往往需要通过设计经验及多次尝试来确定合适的隐含层的节点数。本研究根据经验和上述公式，先是确定了隐含层节点数为5~15个，通过反复测试不同节点下的训练网络的性能摸索寻找最佳的隐含层节点数，最终发现隐含层节点数为12时网络的均方误差较小，判别稳定性较好。隐含层传递函数设定为tansig，输出层传递函数设定为purelin。BP神经网络结构如图5-3所示。

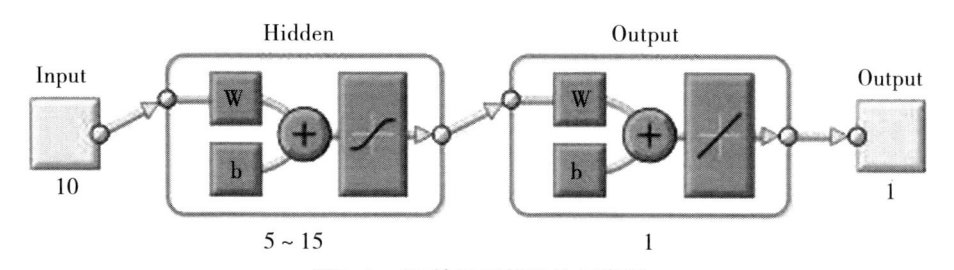

图5-3 BP神经网络结构示意图

3. BP神经网络的训练

神经网络工具箱提供了方便用户设计和管理的图形用户界面（Graphical User Interfaces，GUI），能够导入大量复杂的数据，并且能够很快地产生、初始化、训练、仿真和管理网络,并结合图形输出训练信息,便于直观的理解和观测训练效果。神经网络工具箱提供了感知器网络、线性神经网络、BP神经网络、自组织神经网络等。本研究的目的是判别老年人跌倒的分类预测问题,属于神经网络中的模式识别,故从界面中的应用程序中点击"神经网络模式识别"(Neural Net Pattern Recognition)模块,该模块主要是利用神经网络工具箱(Neural Network Toolbox 9.0)来解决两层的判别问题。进行模式识别通常是由一个向前的两层神经网络构成,隐含层采用tansig传递函数,输出层采用的purelin传递函数。BP网络的训练函数采用Levenberg-Marquardt算法(trainlm函数),设置训练次数为1000次,训练精度为0.001。

在编辑器界面,将影响跌倒的10个变量因素所创建的Data.xlsx文件进行定义,根据系统默认设定70%的样本作为训练样本,15%的样本作为验证样本,15%的样本作为测试样本。然后进入下一步的隐含层单元数目的选择,根据之前的分析,隐含单元数目没有固定的数值,根据研究需要和经验设定,本研究初步设定隐含层单元数目是5~15个,因此为了确定合适的单元数目,先按照从5~15的单元数目依次对每个模型都进行了3次训练。选择不同隐含层单元数下的神经网络的迭代次数、均方误差、预测准确率3次训练平均值进行了比较,隐含层单元数为11层和12层时,平均预测准确率是比较高的,分别为96.43%和96.03%,且此时网络均方误差也相对较小,分别为0.016和0.025,迭代次数和训练时间都相对正常,可以初步判断在隐含层单元数为11或12时,此时网络性能相对最佳(表5-1)。

表5-1 隐含层设置不同单元数时的训练模型预测性能比较

隐含层单元数目	迭代次数	训练时间(s)	均方误差(MSE)	预测准确率(%)
5	10	3	0.040	93.26
6	9	2	0.020	95.24
7	11	3	0.014	91.49
8	9	3	0.049	95.64
9	9	3	0.032	95.64
10	10	3	0.117	94.84
11	12	4	0.016	96.43
12	9	3	0.025	96.03

(续表)

隐含层单元数目	迭代次数	训练时间（s）	均方误差（MSE）	预测准确率（%）
13	11	3	0.042	94.84
14	8	2	0.053	91.50
15	11	3	0.016	94.78

从图5-4可以明显看出，不同隐含层单元数的设置对BP神经网络的训练效果存在一定差异。在隐含层单元数为5~15内，预测准确率大致呈现中间高两边低的单峰趋势，并非隐含层单元数越多网络性能就越好，当单元数升高到11~12达到预测准确率的最高峰之后，再继续增加单元数，发现到13~14预测符合率开始大幅度下降，在单元数为14时预测准确率达到最低点，当单元数为15时又略有回升。高峰值出现在单元数为8~12，预测准确率在94.84%~96.43%浮动，但其中单元数为10时出现了一个下降的波动。总体来看，隐含层单元数为11和12时预测准确率都非常高，表现出较为出色的网络预

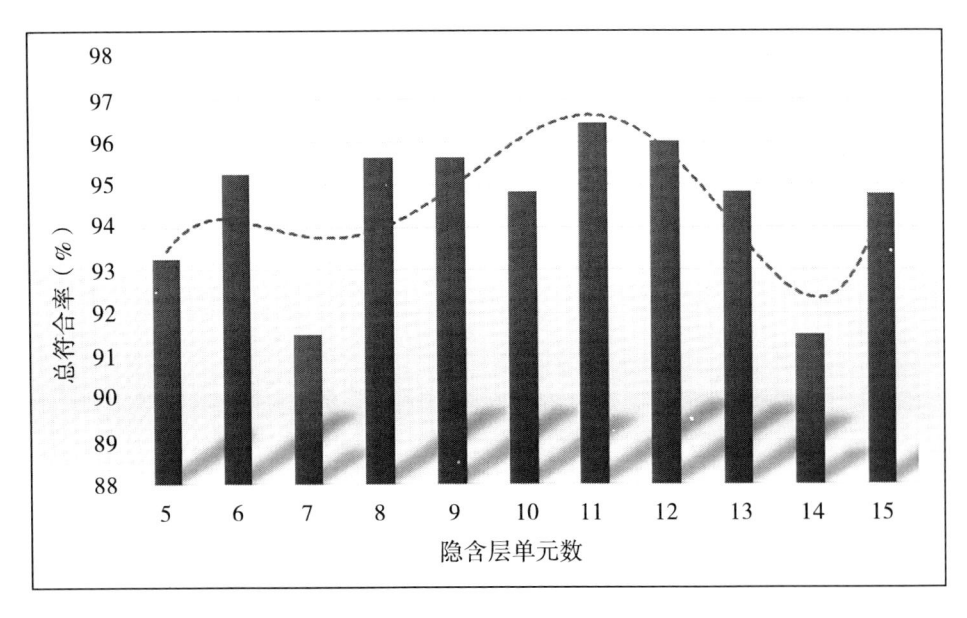

图5-4 隐含层设置不同单元数时模型预测准确率的变化趋势图

测性能。因为神经网络训练是一种可以不断进行调控的学习训练过程,这样又有利于寻找判别效果最佳的预测模型。隐含层预测单元数为11和12,从当前的网络性能看可以说不分伯仲,不能随意舍弃一个。因此,本研究同时保留了这两个单元数对训练样本集进行反复多次的训练,进一步对比设置哪一个单元数时网络更稳定,预测效果最佳,最终再确定合适的隐含层单元数。

4. BP神经网络预测模型的确定

为了权衡单元数为11还是12时网络性能最佳,重新对隐含层单元数为11和12时的BP神经网络分别再进行了3次训练。如表5-2所示,结果表明,在隐含层单元数为11时,神经网络的预测准确率在94.05%~95.24%浮动,当隐含层单元数为12时,神经网络预测准确率在94.86%~97.62%浮动。通过进一步对训练集拟合度、验证集拟合度、测试集拟合度、总拟合度、均方误差及迭代次数分析,当隐含层单元数为11时,训练集拟合度在0.9666~0.9879,验证集拟合度在0.8848~0.9328,测试集拟合度在0.8405~0.9315,总拟合度在0.9490~0.9508,均方误差在0.021~0.023,迭代次数在9~10次;当隐含层单元数为12时,训练集拟合度在0.9694~0.9973,验证集拟合度在0.9020~0.9632,测试集拟合度在0.8083~0.9325,总拟合度在0.9366~0.9761,均方误差在0.011~0.028,迭代次数在9~13次。从以上测试结果来看,隐含层单元数为12时的Net5网络具有较小的均方误差,各样本集的拟合度和总拟合度相对较高,预测准确率最高,因此,初步选定Net5为最优训练模型。

表5-2 预测效果最佳的训练模型评价

训练网络	隐层单元数	迭代次数	训练集拟合度	验证集拟合度	测试集拟合度	总拟合度	均方误差	预测准确率(%)
Net1	11	10	0.9666	0.8848	0.9315	0.9503	0.023	94.05
Net2	11	9	0.9879	0.9026	0.8405	0.9490	0.023	94.05
Net3	11	10	0.9674	0.9328	0.8913	0.9508	0.021	95.24
Net4	12	13	0.9870	0.8062	0.8083	0.9366	0.028	94.86
Net5	12	12	0.9973	0.9150	0.9299	0.9761	0.011	97.62
Net6	12	10	0.9694	0.9632	0.9325	0.9615	0.017	96.43

如图5-5、图5-6所示，是隐含层单元数目为12时，Net5的运行界面，设置网络训练次数（Epaoch）为1000次，训练目标梯度（Gradient）设定为1.00e-07为采用系统默认的随机方法分配训练集、验证集合测试集，训练算法为Levenberg-Marquardt算法，设置trainlm函数。采用均方误差（MSE）来衡量参数平均误差，可以平均数据的变化程度，MSE越小，说明模型预测精确度较好。从图中运行结果可以看出，网络经过12次迭代以后，Gradient（误差曲面的梯度）值

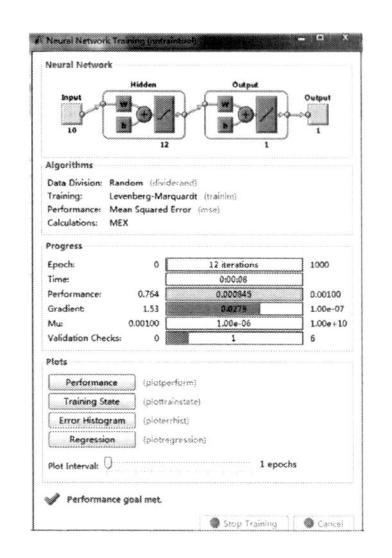

图5-5 BP神经网络参数设置及运行界面

为0.0139，经1次核查均方根误差已经达到期望的误差性能，因而停止训练，说明网络稳定较好。

图5-7是神经网络训练过程中均方误差（MSE）的变化过程曲线，从训练集、验证集和测试集的收敛情况看，每一步权值修正都会使误差ER减小，向量的分量沿着梯度减小的方向前进，理论上只要样本足够大并且迭代次数n趋向于无穷的时候网络就会收敛，但实际训练运行过程中也可能出现迭代到第n次，误差ER仍然大于期望的误差限erl，网络没能解出满足要求的权向量，网络训练失败，即不收敛。从图5-7可以明显看出，网络在进行了11次迭代后就

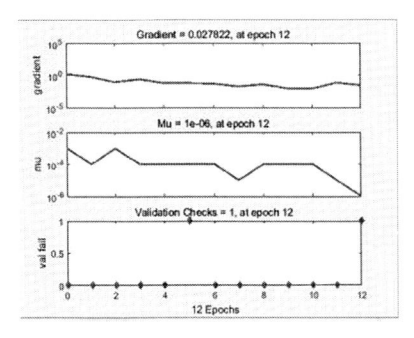

图5-6 神经网络参数运行过程曲线图 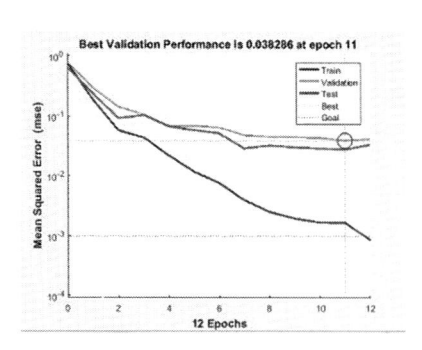   图5-7 BP神经网络训练迭代
　　　　　　　　　　　　　　　　　　　　　　　收敛过程变化曲线

达到了期望的误差限，Validation Performance为0.038，因此判定该网络性能收敛较好。

为了更好地判断所构建的BP神经网络的判别效能，软件绘制了误差直方图，误差值（Error）等于目标值（Target）与输出值（Outputs）的差值。如图5-8所示。从图中可以看出大部分误差都集中在零误差线（Zero Error）附近，说明大部分样本的误判误差相对较小。但也发现，无论是训练集还是验证集和测试集均有部分判断误差较大的样本。也体现了影响老年人跌倒因素的复杂性。

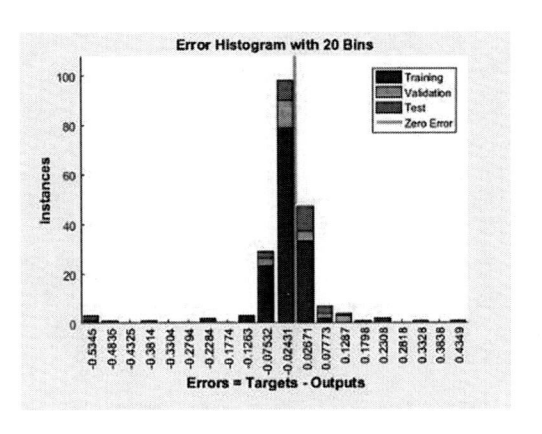

图5-8　神经网络误差直方图

图5-9是显示BP神经网络各分类真实结果（Target）和预测判断输出结果（Outputs）的拟合图，实线是实际拟合情况，而虚线是理想拟合情况。MATLAB神经网络函数在训练过程中就自动把训练数据分成了3个部分，即训练集，验证集和测试集，3个数据集以及总的神经网络输出和期望输出之间的拟合情况，理想情况是网络输出等于期望输出，一般来说R值在0.9以上说明神经网络性能就不错了。Net5网络的训练集（$R=0.9973$）、验证集（$R=0.9150$）、测试集

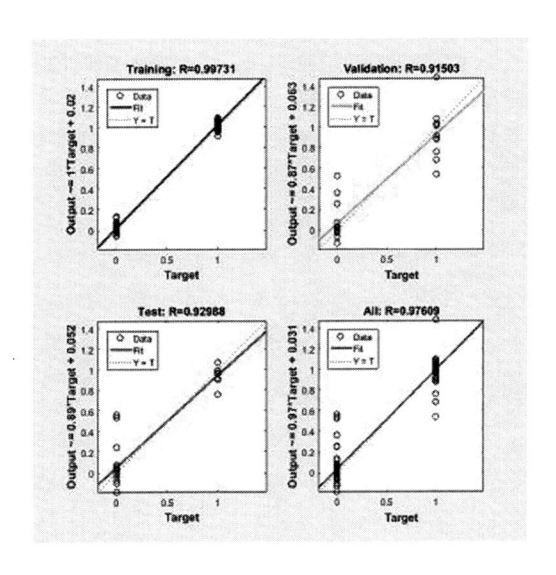

图5-9　神经网络判别效果拟合图

（$R=0.9299$）以及总拟合度（$R=0.9761$），所有分类样本的拟合R值都在0.9以上，说明该网络具有良好的判别预测效能。

综合以上因素来看，隐含层单元数为12时的BP神经网络Net5的预测准确率

最高，达到97.62%，判别的可信度最好；而且该网络的训练集、验证集、测试集及总的拟合度较高，并且均方误差最小，说明该网络的性能比较稳定，预测效果较好，所以综合考虑，最终确定Net5为"最优"的基于姿势控制能力的老年人跌倒风险预测模型（详见附录Ⅶ：老年人跌倒风险预测的BP神经网络运行程序）。

第三节　老年人跌倒风险BP神经网络预测模型的验证

一、预测模型验证

将跟踪调查6个月的84名受试者作为验证样本，根据统计的跌倒情况（跌倒=0，非跌倒=1），利用BP神经网络预测模型Net5进行老年人跌倒风险预测模型的验证。

首先运行MATLAB R2016a应用软件，在命令行窗口键输入"load 12BPNet5.mat"将已保存的Net5神经网络预测模型载入，建立输入变量的数据文件，并对84名受试者进行编号，然后将84名受试者测试数据进行变量定义，最后点击"运行"。当网络测试完毕后，在命令行窗口输入"disp (ActualOutput)"与"disp (ActualOutput>=0.5)"可以分别显示验证样本的真实值和实际的预测值。如表5-3所示，通过6个月的跟踪调查，84名受试者中共有10名受试者发生了至少一次跌倒，跌倒比率为11.9%。从表5-4可知，BP神经网络得到预测结果：有3名受试者出现误判现象，分别是第5位、第80位和第81位受试者。其中第5位为非跌倒者（Input=0）被误判为跌倒者（Output=1）；第80位为跌倒者（Output=1）被误判为非跌倒者（Input=0）；第81位为非跌倒者（Input=0）被误判为跌倒者（Output=1）。其余81例样本的判断正确。根据预测结果可知：该模型对跌倒的预测准确率为96.43%。

第五章 基于姿势控制能力的老年人跌倒风险预测模型构建与验证

表5-3 验证样本的真实值（$n=84$）

序号	真实值（Input）
1~17	0 0 0 0 0 0 0 0 0 0 0 0 0 0 0 0 0
18~34	0 0 0 0 0 0 0 0 0 0 0 0 0 0 0 1 0
35~51	0 0 0 1 1 1 0 0 0 0 0 0 0 0 0 0 0
52~68	0 0 0 0 0 0 0 1 0 0 0 1 0 1 0
69~84	0 0 0 0 1 0 0 1 0 0 0 1 0 0 0 0 —

表5-4 验证样本的预测值（$n=84$）

序号	真实值（Input）
1~17	0 0 0 0 [1] 0 0 0 0 0 0 0 0 0 0 0 0
18~34	0 0 0 0 0 0 0 0 0 0 0 0 0 0 0 1 0
35~51	0 0 0 1 1 1 0 0 0 0 0 0 0 0 0 0 0
52~68	0 0 0 0 0 0 0 1 0 0 0 1 0 1 0
69~84	0 0 0 0 1 0 0 1 0 0 0 [0] [1] 0 0 0 —

注：方框处为出现误判的样本。

二、预测模型分析

（一）BP神经网络的特点及局限

人工神经网络（Artificial Neural Network，ANN），也称神经网络（Neural Network，NN）是一种应用类似于大脑神经突触连接的结构进行信息处理的数学模型，是由大量节点（神经元）和相互之间的加权连接构成，从人脑的生理结构出发来研究人的智能行为，模拟人脑信息处理的功能。早在20世纪40年代初，神经生物学家、心理学家莫克罗与数理逻辑学家彼特合作研究提出了第一个神经计算模型，即神经元的阈值元件模型，简称MP模型。这是第一个用数理语言描述人脑的信息处理过程的模型，他们从人脑信息处理的观点出发，采用数理模型研究了脑细胞的动作和结构及其神经元的一些基本生理特性，认识到模拟大脑可以利用节点与节点之间的相互联系构成一种神经结构模型。这一革命性的思想为ANN后来的发展奠定了坚实的基础。1986年由鲁姆哈特和麦凯兰为首的科学家小组提出了一种按照误差逆向传播算法训练的多层前馈网络模型，即BP神经网络诞生。由于其具有非线性特性、大量的并行分布结构以及学习和归纳能力，所以开始广泛应用于建模、时间序列分析、模式识别、信号处理以及控制等各个专业领域。

自然界中恐怕没有比人类大脑思维更复杂的系统了，人类大脑皮层中大约包含100亿个神经元、60万亿个神经突触以及他们的连接体。神经系统的基本结构和功能单位是神经细胞，即神经元。主要由细胞体、树突、轴突和突触组成。细胞体除细胞核以外，还有线粒体、高尔基体、尼氏体等，尼氏体是糙面内质网和游离核糖体的混合物，神经元的各种蛋白质都是在这里合成，细胞质中还有不同走向的微管、微丝和密布的神经元纤维，它们是构成神经元的骨架。神经网络是由大量的神经元单元相互连接而构成的网络系统。人工神经网络（ANN）是由大量神经元通过连接而构成的自适应、非线性动力系统，物理结构以计算机仿真的方式去模拟大脑，使构建的系统具有某些人脑的思维及逻辑推理智能。ANN以神经元节点模拟生物学上的神经细胞体，以神经元节点之间的连接强度模拟生物学上的树突和轴突，用激励函数模拟生物神经学上的突触作用，整体性能模仿生物学中神经细胞的整合性、突触连接特性以及阈值特性等。树突相当于信号的输入端，用于接受神经冲动，轴突是细胞体向外伸出的神经纤维，相当于输出信号的电缆（图5-10）。每一层神经元的输出都是前

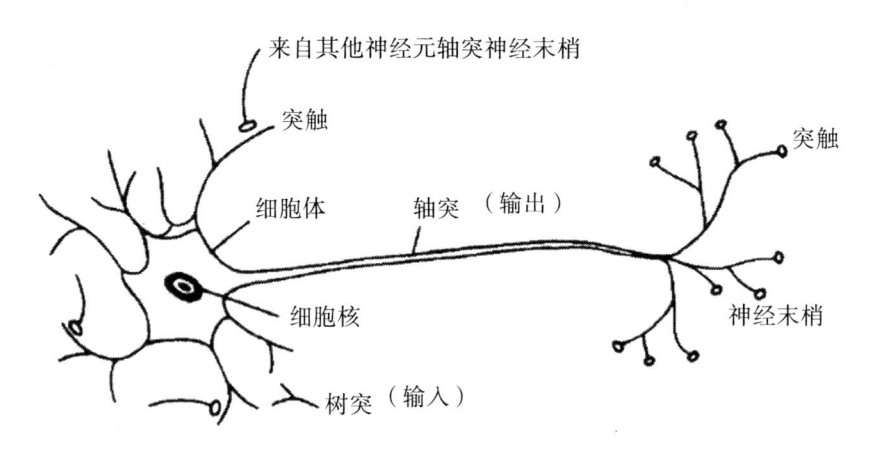

图5-10 神经元细胞示意图

一层的输入，那两个对应的神经元之间的连线就是一个突触，数学模型中每一个突触都有一个加权数值，作为权重，而每一层神经元所得到的输入势能经过激励函数（Activation Function）加权计算得到该神经元的输出。

人工神经元模型是神经网络的基本处理单元，是一个多输入/输出的非线性元件（图5-11）。神经元的每一个输入连接都是代表了突触连接强度，用一个连接权值来表示，即将产生的信号通过连接强度放大，每一个输入量（x_j）都相应有一个关联的权重（w_{ij}）。处理单元将经过权重进行计算输入的量化，然后相加求得其加权和，计算出唯一的输出量，这个输出量（y）是权重和的函数，即传递函数。可用如下公式表达：

$$y = f\left(\sum_j w_{ij} + b\right)$$

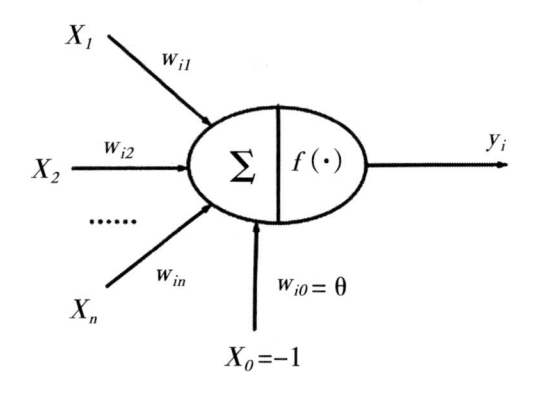

图5-11　简单人工神经元模型图

不同种类的神经网络采用的传递函数各不相同，通常采用的传递函数包括：硬限值函数（hardlim）、线性函数（purelin）、Sigmoid函数（logsig）、高斯径向函数等。传递函数的不同会导致神经网络在结构和功能上的差异。对于大多数神经网络来讲，在网络运行的过程中，传递函数一旦确定，就保持不变，而权重的动态修改是网络学习中最基本的过程，类似于"智能过程"。

神经网络通常按照不同的结构、功能以及学习算法可以分成很多类型。主要包括：感知器神经网络、线性神经网络、BP神经网络、径向基神经网络、竞争神经网络、反馈神经网络（Hopfield神经网络）、自组织映射与学习向量神经网络、遗传神经网络、模糊神经网络等。其中BP神经网络是应用最为广泛的网络，具有多层网络结构，含一个或多个隐含层。BP神经网络是典型的有导师学习，由4个过程组成：①"模式顺传播"过程，当给定网络一个输入模式时，它由输入层单元传到隐含层单元，经隐含层单元逐个处理后，传到输出层单元，此过程为逐层状态更新，也称为前向传播过程。②"误差逆传播"过程，如果输出响应与期望输出模式有误差不能满足要求，那就转入误差的逆传播，将误差值沿着连接通路逐层传递并修正各层的连接权值。③"记忆训练"过程，是网络根据当前输入和输出的差值要求，来反复调整网络权重值，使网络做出正确的反应。④"学习收敛"过程，学习是网络的内部过程，是对训练结果的检验，神经网络根据一定的学习规则，不断用一个个训练模式网络重复前向传播和误差反向传播过程，当各训练模式都满足要求时，网络被认为学习好了。

BP神经网络具有非常强的适用性，与传统的统计方法相比，对变量的分布类型、方差齐性、变量间独立性及符合线性关系等要求较为宽松，不必进行变量转化、正态化、线性趋势化等前期处理，只要有相互关联的输入变量，网络就能够模拟人脑通过智能运算识别变量间复杂的非线性关系，因此，非常适合应用于分类预测问题。尽管BP神经网络具有诸多的优点，但在实际操作中，也暴露了一些缺陷和不足。主要表现在：① 网络结构选择的不确定性。至今在网络结构的选择方面，没有一套公认的固定范式，在网络层数设计、隐含层数目及隐含层单元节点数目的设置中没有明确的定式。一般都是根据经验和专业知识不断尝试，以便确定最佳方案。② 局部极小化问题。BP神经网络是通过沿局部改善方向逐渐调整来改善复杂非线性问题的，当遇到复杂的误差曲面时，会出现网络无法辨别的极小点，一旦算法陷入局部极值，则导致网络训练失败，这也是每次训练有不同结果的体现，一般可以通过调整权重、增大训练数据以及改进连接函数等方法弥补不足。③ 神经网络的权值系数难以做出专业解释。BP神经网络类似于黑箱原理，内部拟合关系复杂，尽管MATLAB软件能够提供网络的权值系数，但由于这些系数是隐含层各节点之间的复杂映射关系，很难对内部权值系数做出流行病学的专业解释，更多的是关注其最终结果。④ 网络学习效率低、收敛速度慢。随着样本维数的增加，通常需要上万次迭代，训练时间过长，引起网络振荡，网络性能变差，导致网络稳定性降低。但可以通过降低样本维数和调整训练函数来改善。本研究结合逐步判别方法对数据降维,并利用LM(Levenberg-Marquardt)算法,改进了最速下降法从而达到优化BP神经网络模型、增快模型收敛速度、提高了网络稳定性。

(二)BP神经网络在预测领域的应用

预测就是根据事物过去发展变化的客观过程和某些规律,参照已经出现或正在出现的各种可能性,运用现代管理、数学和统计的方法,对事物未来可能出现的趋势和可能达到的水平做的科学推测。预测研究的对象是随机事件,因为只有随机事件才需要人们去研究、去预测,才可根据以往的客观变化过程研究其今后可能的发展趋势或结果。

1. BP神经网络在医学领域广泛应用

目前很多医学问题用传统的统计方法研究很难最大限度地逼近现实,因为从现代"生物—心理—社会"大的医学观而言,很多疾病的发生、发展都是众多因素相互交织复杂作用的结果,各因素之间不可能是独立的,两个因素或多个因素之间也不会是简单的变量相乘那样作用于疾病。BP神经网络恰恰可以通过模拟人脑的智能化思维方式,处理各种复杂模糊的映射关系,可以识别变量之间复杂的非线性关系,并且它又具有高度的容错性、适应性以及灵活性,对输入变量的要求非常宽松,不必刻意要求变量的明确分布类型、方差齐性、变量间要相互独立、符合线性关系等条件,所以,在对任何线性和非线性问题上都可以模拟人脑的智能化进行数据的分析与推断,这是其他传统统计方法所不能比拟的优势。

田敬霞通过对446名产妇的分娩方式和胎儿体重进行了BP神经网络的预测研究,分别构建了联合参数模型、孕妇参数模型、胎儿参数模型、男婴参数模型和女婴参数模型。结果表明:在胎儿体重预测中,男婴参数法预测准确率为89.07%;在分娩方式预测中,非剖宫产的预测准确率为81.18%。联合参数的预测准确率最高,以性别分别建立模型可以提高预测的准确性,并指出羊水量可以作为胎儿体重的一个重要监测指标。从分娩方式的预测来看,准确性较低,可能与分娩方式受人为控制因素影响较大有关。BP神经网络在与其他统计方法的对照分析中体现出了独有的优势,在疾病筛选与预测方面效果更显著。郭晋通过对2332名受试者进行相关医学检查,其中有1147名患有急性心肌梗死（AMI）危险的受试者和1185名受试者作为对照组。构建了3种统计预测模型，分别是常规的Logistic回归分析模型、BP神经网络模型、Elman神经网络模型，通过对数据的测试、ROC曲线面积比较以及统计分析，比较了3种模型在AMI疾病中的预测性能。结果表明，在不同数据比例情况下BP神经网络模型ROC曲线下面积比Logistic回归模型分别高出2.9%~4.5%，与Elman神经网络之间差别不具有统计学意义。由此得出结论：在样本量不大、离散型变量较多和非线性关系复杂的数据研究中，BP神经网络模型的预测性能高于Logistic回归分析，充分显示出神经网络方法在预测问题上的优越性。德伦等人运用Logistic回归、决策树和神经网络对20多万乳腺癌病人的生存状况的预测性能比较研究，同样验证了神经网络模型在疾病预测方面的优势。洪雪珍等人通过使用判别分析和BP神经网络两种方法进行猪肉储藏时间的预测研究中也指出，使用BP神经网络结合其他判别统计方法可以有效提高预测的准确性。此外，BP神经网络对一些特殊领域的分类预测研究也较为普遍。游海燕通过对拟进驻高原的314名新兵的急性高原病（AMS）进行了神经网络的预测，得出结论：神经网络用于AMS易感预测是可行的，是一种更有前途的AMS易感者筛选方法。吕军城通过对山东省13个县市的者659例自杀未遂进行了BP神经网络的预测研究，建立了分类预测网络模型，通过测试样本检验其预测总符合率为84.6%。

2. BP神经网络在其他领域的应用

BP神经网络在工农业生产、商业经营、灾害事故、交通运输等方面都有广泛的应用。童飞根据水上交通事故常见的自然条件、航道状况、交通状况、船舶性能、船员素质、运输管理6个可能引发事故的条件作为输入变量，利用构建的BP神经网络进行训练，并结合历史数据进行了模型的验证，创建了水上交通事故预测可视化系统。结果表明神经网络用于水上交通事故预测是可行的，具有很好的应用价值。段文龙在IT风险评估指标体系的基础上，利用人工神经网络和主成分分析相结合的研究方法，对IT项目进行风险评估，先是通过主成分分析，对输入变量进行降维，以提供神经网络的训练效率，然后利用MATLAB提供的神经网络工具箱进行仿真，最后利用数据库的功能设计，实现了对IT项目风险的评估预测。在工农业生产过程中，通过利用BP神经网络的预测性能，对工农业发展起到了重要推动作用。郑建安通过实验主成分对相关模糊变量数据降维，然后利用BP神经网络来预测粮食产量，解决了传统统计方法对复杂非线性关系的处理局限，利用神经网络模型良好的非线性逼近能力，对我国粮食产量进行了较为准确的预测，结果表明，组合模型预测结果的精度提高了3%。BP神经网络可以根据历史数据对自然灾害的发生概率进行预测，对于保障人们的生命财产安全起到了重要作用。丁红等人通过对广西柳州2001—2010年，10年的径流最高水位3652个测量样本进行了BP神经网络建模，采用LM（Levenberg Marquardt）算法的双隐含层神经网络模型（BPDHLM），改善了网络的收敛性能，双隐含层改善了误差梯度，从而提高了模型的预测精度并改善了网络性能，由此得出，神经网络模型的预报稳定性好，准确率较高，为径流水位时间序列预测提供了一个有效的建模方法。

3. BP神经网络在老年人跌倒方面的相关研究及应用效果

利用BP神经网络对老年人平衡、步态及跌倒评估方面的研究，国内相关文献较为少见，国外相关研究起步较早，应用较为广泛。哈恩等人通过对19名健康的老年人（healthy）和10名平衡受损的老年人(faller)进行了EMG和跨越障碍的步态运动录像分析，并建立了BP神经网络模型，将EMG相关参数、步态中的时间—长度（T-D）参数(如步长、步宽、步速、跨步时间)以及COP轨迹（M-L）等指标作为输入变量进行了神经网络训练，模型的工作特征曲线ROC面积值为0.890，发现当T-D参数作为输入变量时，对分类预测的影响最大，混合输入参数可以提升神经模型的性能。得出结论：BP神经网络模型对检测老年人平衡受损和进行跌倒风险评估具有潜在的优势。也有研究表明，BP神经网络与LVQ神经网络相比，预测准确率较低。这可能与神经网络的选择空间较大，没有固定的模式，造成不同研究者，针对自己的专业问题，可能在神经网络类型选择和参数设置方面也具有较大的差异有关，出现不同的结果是很难避免的。有些分类预测研究则使用两种或两种以上的传统统计方法与BP神经网络进行对比，探索最佳的分类预测方案。拉芬特等人通过对148名有下肢关节炎的患者和88名健康对照组受试者进行了步态足底压力的参数采集，用10个关键参数作为输入变量进行BP神经网络预测，同时采用Baye判别分析进行分类判别。结果表明，使用BP神经网络预测的准确率为80%，而用Baye判别分析的分类准确率为75%，由此得出BP神经网络在预测方面要优于传统的统计方法。并指出，尽管神经网络在分类预测中具有独特的优势，但需要进一步开展相关方面的性能评估和诊断系统的验证，这将在自动临床决策方面有更大的发展空间。

本研究利用BP神经网络构建了基于姿势控制能力的老年人跌倒预测模型，通过对构建网络的多次训练，优选出神经网络模型Net5作为最终预测模型。应用此模型对跟踪随访6个月后的84名受试者进行了模型预测性能的实证测试。从跟踪调查结果来看（见表5-3），半年内老年人的跌倒率仅为11.9%，低于大多数文献中的33.3%的年跌倒率，可能是由于跟踪时间较短的原因所致，另外，与本研究总样本的跌倒率（27.46%）相对较低有关。从预测结果可知（见表5-4），仅出现了3例误判现象，模型的预测准确率达到96.43%，说明BP神经网络模型Net 5的预测性能良好。与其他领域的预测类研究相比，预测准确率较高。

小　结

（1）传统的统计方法在初选变量阶段具有一定优势，但神经网络在处理分类变量的预测中有诸多优势，如具有良好的容错性、高度非线性、自学习、自组织、自适应性以及对资料要求比较宽松等，因此该方法在预防医学领域具有广阔的应用前景。

（2）利用MATLAB数学工具软件，构建了基于老年人跌倒预测的三层BP神经网络，采用Levenberg-Marquardt算法，LM算法的训练函数为trainlm，隐含层采用tansig传递函数，输出层采用purelin传递函数，设置训练次数为1000次，训练精度为0.001。

（3）输入层由10个跌倒相关的优势判别指标作为输入变量，经过多次反复的网络训练尝试，并结合各样本集拟合度、总拟合度、均方误差（MSE）、迭代次数以及预测准确率等相关指标进行分析，发现隐含层为12时BP神经网络Net5性能最佳，预测准确率最高，达到97.62%，判别的可信度最好，最终确定Net5为"最优"的基于姿势控制能力的老年人跌倒风险预测模型。

（4）应用预测模型Net5对跟踪随访6个月的样本进行跌倒预测的实证研究，结果表明其预测的准确率为96.43%，说明该BP神经网络模型具有良好的预测性能。

第六章　老年人跌倒预防居家锻炼方法

2020年11月25日，世界卫生组织（WHO）发布了最新的《身体活动和久坐行为指南》，其中针对65岁以上的老年人提出了具体的身体活动建议及注意事项，特别强调除了一般的身体活动对身体有益外，经常进行身体活动有助于防止老年人跌倒，有效避免发生与跌倒相关的损伤，同时预防骨骼病变和肌肉功能下降。

身体活动建议：① 所有老年人都应定期进行身体活动。② 每周至少进行150～300分钟的中等强度有氧运动；或75～150分钟的较高强度有氧运动；或者两种强度的身体活动的等效组合。③ 每周至少进行2天的中等或较高强度的肌肉力量训练，包括所有的大肌肉群。④ 每周至少进行3天的以强调平衡能力和力量训练为主的多种中等或更高强度的身体活动，增强身体机能和防止跌倒。⑤每周进行300分钟以上的中等强度有氧运动；或超过150分钟的较高强度有氧运动；或者两种强度的身体活动组合，都可以获得额外的健康益处。⑥限制静坐少动的时间，用任何强度（包括较低强度）的身体活动来减少久坐行为。中等到高强度的身体活动可以有助于减少静坐少动行为对健康的有害影响。

注意事项：① 任何的身体活动都是有益的。② 应循序渐进，逐渐增加频率、强度和持续时间。③在身体情况允许的范围内尽可能地进行身体活动，并根据健康水平来调整身体活动强度。

第一节　徒手或简易器械锻炼方法

一、徒手站立支撑动作

1. 靠墙站立

场地器材：平直稳定的墙面。

主要功能：锻炼下肢尤其是踝关节周围肌肉力量，改善中枢神经系统对肌肉组织的调节功能，提高老年人下肢姿势控制和平衡能力。

动作要领：背靠墙睁眼直立，足跟离墙面约一拳距离，右脚支撑，左脚抬起，双手置于体侧，默数计数（或用秒表计时），身体稳定后，背部尽量离开墙面或微贴墙面，开始计数（计时），当身体左右摇晃幅度较大至背部紧贴墙面或左脚着地即为练习结束。同样的动作要求，进行左脚支撑，右脚抬起站立练习（图6-1）。

图6-1

训练建议：每周练习3~5次，每次练习2~4组，每侧进行10~15次重复练习，组间休息30~60秒。每次单脚站立的时间根据个人身体状况，量力而行，若身体素质较好，可尝试让家人保护进行闭眼单脚站立训练。

2. 扶椅提踵

场地器材：室内平整场地一块，稳固性较强的椅子一把。

主要功能：锻炼小腿三头肌的力量，更好地维持人体直立姿势，提高老年人平衡稳定性和姿势控制能力。

动作要领：双脚并拢，站立于椅子旁边，单手轻扶椅背以保持身体平衡，注意手尽量不要承受身体重量，轻触即可。脚尖踮起，脚跟最大限度离地，身体抬高，保持双腿伸直状态，再匀速回落到初始位置。然后依次轮换进行左右脚单足支撑，要求与双脚提踵动作一致（图6-2）。

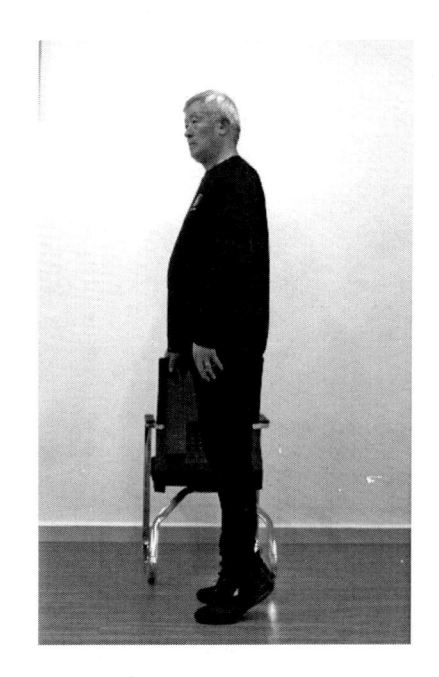

图6-2

训练建议：每周练习3~5次，每次练习2~4组，根据身体情况，量力而行，一般每个动作进行10~15次重复练习，组间休息30~60秒。

3. 扶墙蹲起

场地器材： 室内平整场地一块，稳固平直的墙面。

主要功能： 锻炼臀大肌、股四头肌和股后肌群的力量，提升老年人的下肢姿势控制能力。

动作要领： 身体直立，站在墙体前方，双脚开立与肩同宽或略宽于肩。双手搭在墙面上，挺胸收腹，目视前方，这是动作的起始位置。保持背部平直，屈髋屈膝，匀速下蹲，直至大腿与地面平行，匀速起身，以髋带膝，回到起始位置。整个过程注意脚尖和膝盖保持一个方向，膝盖不要超过脚尖垂直面，保持腰腹收紧，臀部向后，避免把重量过多的压在膝盖（图6-3）。

图6-3

训练建议： 每周练习3~5次，每次练习2~4组，练习者根据自身身体情况，可选择下蹲的幅度，量力而行，一般每个动作进行10~15次重复练习，组间休息30~60秒。

4. 扶椅摆腿

场地器材：室内平整场地一块，稳固性较强的椅子一把。

主要功能：锻炼臀大肌、臀中肌、阔筋膜张肌以及耻骨肌、长收肌等大腿内侧肌群的力量，提升老年人的下肢姿势控制能力。

动作要领：身体直立，站在椅背后方，双脚开立与肩同宽或略宽于肩。双手扶住椅背，以保持身体稳定，挺胸收腹，目视前方，这是动作的起始位置。右脚站立支撑，左脚缓慢向侧方摆动，尽可能抬高到一个舒适的位置，左腿缓慢放下，回到初始位置，侧摆过程中应保持身体正直站立，然后换左脚站立支撑，右脚缓慢向侧方摆动，动作要求同左腿（图6-4）。

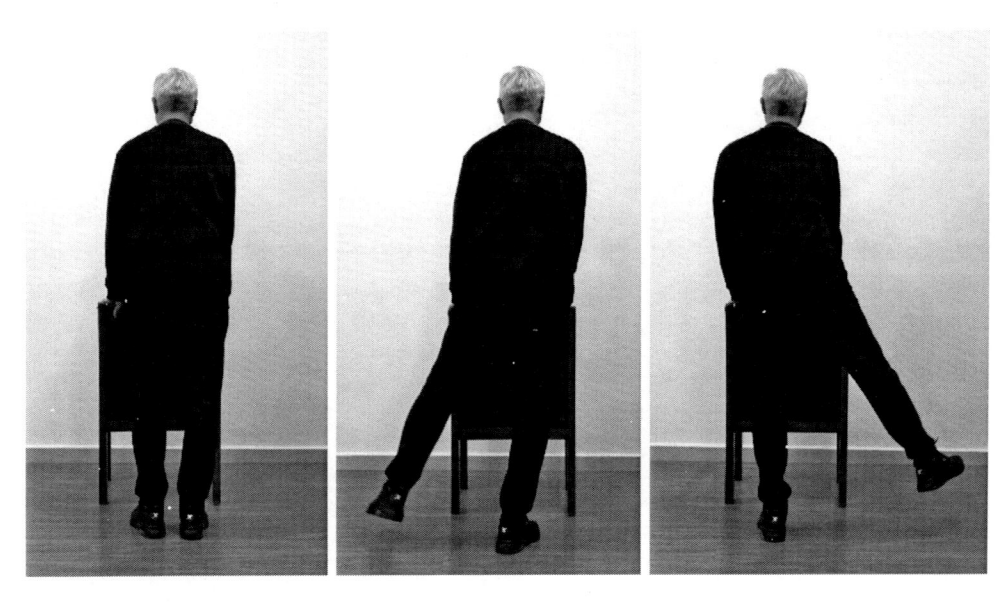

图6-4

训练建议：每周练习3～5次，每次练习5～8组，根据身体情况，量力而行，一般每个动作进行10～15次重复练习，组间休息30～60秒。

5. 扶椅拾物

场地器材：室内平整场地一块，稳固性较强的椅子一把，毛巾一条。

主要功能：锻炼下肢尤其是踝关节周围肌肉力量，核心肌群的控制，改善中枢神经系统对肌肉组织的调节功能，提高老年人下肢姿势控制和平衡能力。

动作要领：双脚并拢，站立于椅子旁边，单手轻扶椅背以保持身体平衡，注意手尽量不要用力拉拽椅子，轻触即可。支撑腿膝关节微曲，另一侧腿后伸，躯干前倾，单手捡起地上的毛巾。注意在做动作过程中，要保持腰椎曲度，腰部肌肉收紧以减小腰椎压力，骨盆保持中立或适当前倾。保持身体稳定，匀速起身，回到初始位置。另一侧动作要求相同（图6-5）。

图6-5

训练建议：每周练习3~5次，每次练习2~4组，根据身体情况，量力而行，一般每个动作进行10~15次重复练习，组间休息30~60秒。

6. 触椅下蹲

场地器材：室内平整场地一块，稳固性较强的椅子一把。

主要功能：锻炼臀大肌、股四头肌和股后肌群的力量，提升老年人的下肢姿势控制能力。

动作要领：身体直立，站在椅子前方，双脚开立与肩同宽或略宽于肩，挺胸收腹，目视前方，双手向前平举，这是动作的起始位置。保持背部平直，屈髋屈膝，匀速下蹲，直至臀部触及椅子，随即匀速起身，双脚保持不动，回到站立的起始位置。整个过程注意脚尖和膝盖保持一个方向，膝盖不要超过脚尖垂直面，保持腰腹收紧，臀部向后，避免把重量过多压在膝盖（图6-6）。

训练建议：每周练习3～5次，每次练习2～4组，练习者根据自身身体情况，可选择下蹲的次数，量力而行，一般每个动作进行10～15次重复练习，组间休息30～60秒。

图6-6

7. 绕行障碍

场地器材： 室内平整场地一块，稳固性较强的椅子一把，锥形桶（或纸杯）。

主要功能： 对老年人的步态和移动变向能力起到综合锻炼效果。

动作要领： 摆放4~6个标志物（例如锥形桶或纸杯），每个标志物相隔约1米，放在一条直线上，在一端放置一把椅子，老年人先坐在椅子上，然后起身以左一次右一次的模式穿过（"Z"形绕过）标志物，走到场地的终点后返回，并坐回椅子（图6-7）。

第六章 老年人跌倒预防居家锻炼方法

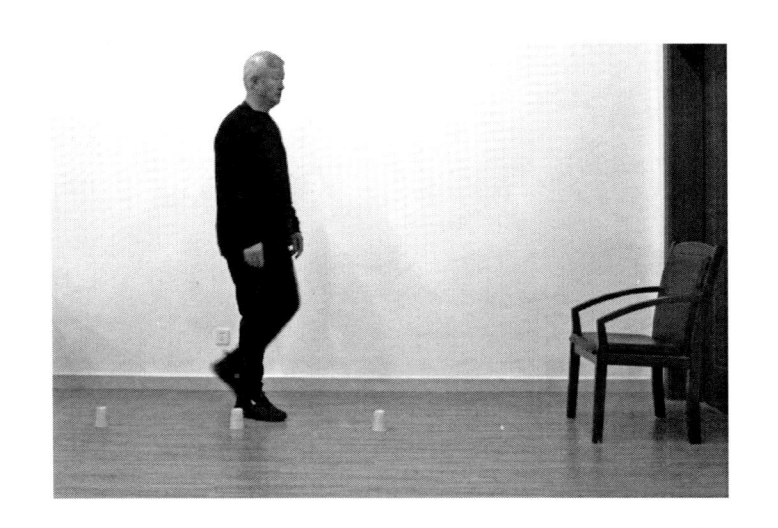

图6-7

训练建议：每周练习3~5次，每次进行10~15次重复练习，练习者根据自身身体状况，可选择不同的行走速度，量力而行，每走完一次可以坐在椅子上休息30~60秒。

8. 一字行走

场地器材：室内平整场地一块。

主要功能：锻炼老年人行走中的动态姿势控制能力和平衡能力。

动作要领：在场地中画一条直线（或选择瓷砖缝、地板缝等），老年人沿直线行走，行走过程中要求两脚都要踩到直线上（"一"字形行走），并且前脚的足跟要触及后脚的足尖，行走距离约3~5米（图6-8）。

图6-8

训练建议：每周练习3~5次，每次进行10~15次重复练习，若平衡及移动能力较差的老年人，需家人在旁边保护，练习者根据自身身体情况，可选择不同的行走速度，量力而行，每走完一次可以休息30~60秒。

二、徒手垫上功能动作

1. 仰卧背桥

场地器材：空地一块，训练垫一张。

主要功能：锻炼臀部、大腿后侧及下背部肌群，增强伸髋力量和腰椎稳定性。可提高老年人行走过程中的动态姿势控制能力和平衡能力。

动作要领：仰卧于训练垫上，双脚打开与髋同宽，双膝弯曲略小于90°。下巴微收，使脊柱呈中立位。双手放于身体两侧，掌心向下。老年人双脚踩实地面，脚跟向下发力，臀部上抬，腰椎由下而上逐节上抬，使腰椎、髋、膝呈一条直线时稍作停顿，令腰腹收紧，臀部和大腿后侧有发力感。然后缓慢下放，注意下放1/3幅度即可，然后重复上抬（图6-9）。

图6-9

训练建议：每周3~5次，每次锻炼2~4组，每组可做8~12次，根据自身身体情况，量力而行，组间休息1分钟左右。

2. 仰卧侧桥

场地器材：空地一块，训练垫一张。

主要功能：激活肩部肌群、前锯肌、腹部两侧的深层和浅层肌群，提高老年人神经系统对肌肉的控制能力，增强站立时的姿势控制能力和平衡能力。

动作要领：侧卧于垫上，以下面手的小臂支撑，上方手掌落于垫子上的身体屈侧。上方腿伸直，下方腿屈膝90°，髋部也落于垫子上。准备姿势做好后，处于下方的肩关节和膝关节支撑，落于垫上的手掌可下按辅助发力，使髋部上抬，抬至肩、髋、膝处于一条直线上，作短暂停留。然后缓慢下放，回至准备姿势，进而重复上抬。做完一组后换另一侧进行（图6-10）。

图6-10

训练建议：每周3～5次，每次2～4组，每组可做8～15次，根据自身身体情况，量力而行。组间休息1分钟左右。

3. 俯卧飞鸟

场地器材：训练垫一张。

主要功能：锻炼腰部和臀部肌群，增加老年人的腰椎稳定性和核心力量，从而提高其在行走过程中的姿势控制能力和平衡能力。

动作要领：俯卧在垫子上，双手放于双耳两侧，双腿伸直。做好准备姿势后，头部和脚缓慢抬起，腹部接触垫子，腰部收紧，注意双腿保持伸直状态，不要屈曲，下巴微收。头部和脚抬起的幅度不必太大，根据自己的感受量力而行。到顶点后稍作停顿，然后缓慢放下，回到初始位置（图6-11）。

图6-11

训练建议：每周训练3~5次，每次训练2~4组，每组8~15次，注意量力而行，组间休息1分钟左右。

4. 仰卧抬腿

场地器材： 训练垫一张。

主要功能： 锻炼腹部肌群，增加老年人的腰椎稳定性和腹部力量。提高老年人行走过程中的姿势控制能力和平衡能力。

动作要领： 仰卧于垫上，双脚并拢放于地上，双腿屈膝呈90°，下巴微收，使整个脊柱呈中立位。双手放于身体两侧，掌心朝下。做好准备姿势后，腹部收紧，双脚缓慢抬起，保持屈膝角度不变，抬至大腿和地面垂直即可。然后缓慢下放至初始位置，进而继续重复。注意整个上抬和下放过程，都要主动保持脊柱的稳定，避免左右晃动（图6-12）。

图6-12

训练建议： 每周训练3~5次，每次8~15次，注意量力而行，组间休息30秒。

三、弹力带辅助锻炼动作

1. 坐姿伸踝

场地器材：空地一块，稳固性较强的椅子，弹力带。

主要功能：发展胫骨前肌力量，提高老年人下肢姿势控制和平衡能力。

动作要领：练习者坐在椅子上，膝盖弯曲成直角，两脚并拢，将弹力带对折横套在一只脚的前脚掌部位，另一只脚将折叠的弹力带踩住，手部拉紧，让横套弹力带的那只脚做足背屈动作。然后，换另外一侧，动作要求相同（图6-13）。

训练建议：每周练习3~5次，每次练习2~4组，练习者根据自身身体情况，可选择弹力带的弹性磅数，量力而行，一般每只脚进行10~15次重复练习，组间休息30~60秒。

图6-13

2. 坐姿伸膝

场地器材：空地一块，稳固性较强的椅子一把，迷你弹力带一条。

主要功能：发展股四头肌的力量，提高老年人下肢姿势控制和平衡能力。

动作要领：练习者坐在椅子上，上体正直，两手把握椅子两边，膝盖弯曲成直角，两脚自然分开，将迷你弹力带一端套在同侧前面的椅子腿上，另一端套在小腿下端踝关节处，用力缓慢对抗弹力前伸膝关节，缓慢回放小腿。然后，换另外一侧，动作要求相同（图6-14）。

图6-14

训练建议：每周练习3~5次，每次练习2~4组，练习者根据自身身体情况，可选择弹力带的弹性磅数，量力而行，一般每条腿进行10~15次重复练习，组间休息30~60秒。

3. 坐姿屈髋

场地器材：空地一块，稳固性较强的椅子一把，迷你弹力带一条。

主要功能：加强盆带肌前群髂腰肌和阔筋膜张肌以及股直肌的力量，提高老年人核心稳定性控制和平衡能力。

动作要领：练习者坐在椅子上，上体正直，两手把握椅子两边，膝盖弯曲成直角，两脚自然分开，将迷你弹力带套在两腿的膝关节上方，一条腿固定不动，另一条腿屈膝同时做屈大腿，缓慢对抗弹力完成屈髋动作，缓慢回放大腿。然后，换另外一侧，动作要求相同（图6-15）。

图6-15

训练建议：每周练习3~5次，每次练习2~4组，练习者根据自身身体情况，可选择弹力带的弹性磅数，量力而行，一般每条腿进行10~15次重复练习，组间休息30~60秒。

4. 站姿侧移

场地器材：空地一块，弹力带一条。

主要功能：训练大腿外展肌群，提高老年人在冠状面的移动控制能力和平衡稳定性。

动作要领：首先将弹力带平放在地上，双脚并拢用足中部踩到弹力带的中间位置，然后双手抓紧弹力带的两端，先让左脚固定不动，右脚向右侧移动，对抗弹力带的阻力，右脚着地后，左脚向右脚靠拢，依次向右移动3~5次，然后，再用同样的方法向左移动3~5次（图6-16）。

图6-16

训练建议：每周锻炼3~5次，每次训练2~4组，每组6~12次，量力而行，组间休息1分钟左右，体弱者需要家人陪护练习。

5. 蚌式开合

场地器材：训练垫一块，弹力带（弹力圈）一根。

主要功能：训练臀部肌群，增强髋关节力量。提高老年人行走过程中的姿势控制能力和稳定性。

动作要领：首先将弹力圈套在双腿的膝盖上方。然后朝一个方向侧卧，双腿双脚并拢，屈膝90°，使双脚位于身体略后方。上方腿外展打开，使脚后跟始终接触，脚尖逐渐随动作分开。注意整个过程应保持骨盆稳定。上方腿尽量打开后在顶点稍作暂停，然后回到初始位置。做完一组后换另一侧进行（图6-17）。

图6-17

训练建议：每周锻炼3~5次，每次训练2~4组，每组6~12次，量力而行，组间休息1分钟左右。

6. 俯卧划水

场地器材：训练垫一块，弹力带一根。

主要功能：锻炼肩带和上背部深层肌群，增加腰部力量和腰椎稳定性，提高老年人在行走过程中的姿势控制能力、平衡能力和协调能力。

动作要领：俯卧于垫上，双腿并拢，双手拉开一根弹力带，拳眼相对，放于头部两侧，使弹力带阻力适中，保持张力即可。做好准备姿势后保持下巴微收，双腿位置不变。缓慢抬起头部和肩部，使其离开垫子，幅度不必太大，量力而行即可。抬至一定高度后停住，双手保持弹力带牵拉张力，向上方推举，然后回来，身体下放至初始位置，完成一次动作。注意整个过程应使弹力带始终保持牵拉（图6-18）。

图6-18

训练建议：每周训练3~5次，每次2~4组，每组6~12次，根据自身感受量力而行，组间休息60~90秒。

第二节　日常户外简易锻炼方法

一、健步走

场地器材：室外平整路面，公园，运动场。

主要功能：步行是以自身体重为负重的低强度有氧运动，其动作简单，不受场地、器材的限制，强度和速度都可根据自己的喜好及身体情况控制。长时间的锻炼有助于延缓和防止骨质疏松，预防骨关节炎。另外，步行在整个运动过程中姿势相对较为稳定，人体的足底和下肢受到的冲击力较小，这也在很大程度上避免了运动损伤的发生，又能对下肢骨骼产生持久的良性刺激。因此，长期坚持健步走对老年人的下肢功能有积极促进作用。

动作要领：

（1）散步走：用较缓慢的动作以及速度行走，是一种最便捷、最经济的锻炼方式。一般适用于年龄较大、体质较差或缺乏运动习惯以及肥胖的老年人。可分阶段循序渐进地进行，每次半小时左右。

（2）快步走：也称为健步走，与散步相比速度较快，强度较大。每次半小时左右，可根据自身状态调整运动时间及步行速度。快步走除了要保持一定的速度外，也应该注意身体姿势的维持，保持抬头挺胸，步幅要大。

（3）展臂走：是锻炼人体平衡能力和躯体本体感觉的一种很有效的方法，老年人通过展臂走可以有效锻炼平衡能力和姿势控制能力。对正脊柱弯曲（驼背）具有积极作用，对慢性腰痛和腰椎间盘突出症也有一定的康复作用。但展臂走由于手臂的伸展，破坏了平时走路的节奏，加大了行走时平稳控制重心的难度（图6-19）。

锻炼建议：① 尽量选择平坦空旷的场地，注意周围环境，不要被绊倒；② 尽量穿平底鞋；③ 每次展臂走的距离不宜过长，可选定参照物，限定展臂走距离；④ 腰痛患者注意小步慢行，避免骨盆前倾角度过大，给腰部带来更大的负担；⑤ 练习时最好两人结伴，互相提醒，确保安全；⑥ 年纪过大或平衡

图6-19

功能很差的老年人不建议练习展臂走。

注意事项：① 健步走运动前应穿着透气性良好、合脚、鞋底弹性较好、轻便的平底鞋，以缓冲地面对人体的冲击力。② 走路姿势应保持肩放平，躯干自然伸直、收腹、头摆正、手臂节律性摆动。步行过程中呼吸自然，尽量保持腹式呼吸，呼吸节奏与步法节奏要有协调感。③ 步行健身首选铺有塑胶的健身跑道，塑胶可以减缓冲击力，保护踝关节以及减轻长时间步行的关节疲劳，不建议在水泥路上长时间步行。④锻炼过程中若出现胸闷、气短等不适，应立即放慢步行速度，慢慢停止。

二、广场舞

场地器材： 室外空地公园。

主要功能： 广场舞锻炼现已演变成一种文化，深受广大中老年人，尤其是女性的喜爱。广场舞包含躯干和上下肢等较多动作，根据音乐的节奏，能使全身各部位都得到充分锻炼，适用人群广泛。经常锻炼，可以促进身体健康，提高人体的协调性、灵活性；长时间练习可以强壮骨骼，预防骨质疏松，帮助改善体型，减轻体重，舒展筋骨。广场舞要求参与者根据音乐的节奏律动，老年人在锻炼时会将注意力集中在对动作及音乐的表现，有助于减缓认知功能障碍达到良好的健脑效果，广场舞练习中经常出现转动身体的动作，可以增强老年人对重心的控制能力和肌肉的本体感觉，对预防老年人跌倒有一定的帮助。

动作要领： 根据广场舞不同特点各个动作不尽相同，根据音乐进行不同幅度以及不同节奏进行锻炼。

锻炼建议： 应选择适合的环境进行锻炼，不宜到人群拥挤的地方，不宜扰民。应选择空气流通、人员较少、场地空旷的地方。跳舞时控制好节奏，幅度不宜过大，以免重心不稳，导致跌倒。另外，对于患有骨质疏松症的患者，运动过程中要注意步法，以防站立不稳导致运动损伤。时刻注意尽力而为，避免发生意外。

三、慢跑

场地器材： 室外空地公园运动场。

主要功能： 肌肉力量是人完成各项身体活动的重要基础。下肢肌肉力量不足，是导致老年人跌倒的主要原因之一。而慢跑主要是锻炼下肢力量、下肢肌肉，由于慢跑比步行给下肢带来的冲击更激烈，所以慢跑对于老年人锻炼下肢力量以及平衡能力都有较好影响。

注意事项：

（1）老年人慢跑前要进行身体检查：为了确保老年人的安全，在参加慢跑前，最好征得医生同意，并做一些必要的身体检查。跑步有可能引发潜在的疾病，所以老年人要注意经常进行身体常规检查。

（2）跑的速度不宜过快：老年人慢跑一般以自己不觉得难受，能边跑边和同伴说话的速度为宜。另外，老年人慢跑一定要掌握好运动强度，控制运动强度最简便有效的方法是监控心率。如果心率较低，则可稍微加快速度；若心率过高就必须减慢速度，或改步行来放缓心率。

（3）跑步的距离必须适当：跑步的距离可根据老年人身体情况自行掌握。老年人应量力而行，切忌不顾个人状况，盲目勉强自己挑战难以接受的距离。对于没有经过锻炼或体弱多病的老年人来说，这种行为很容易发生危险。

（4）注意控制节奏：老年人刚开始参加锻炼时，可慢跑5~10分钟，每周锻炼2~3次，可逐渐增加到20~30分钟。慢跑结束后不宜马上停下来，而应缓慢步行、原地自然做些放松整理活动，逐渐恢复到平静状态。

（5）呼吸是否顺畅：跑步时要配合步伐节奏有节律地呼吸，每两步呼气一次、每两步吸气一次，开始鼻吸口呼，一段时间后用鼻呼吸、有意识地加强呼气，促进吸气，力求呼吸充分、通畅，以使充分进行气体交换。要防止呼吸节奏紊乱，随时进行调整。如果开始呼吸急促，上气不接下气，则提示跑步速度过快或身体出现不适，降低跑速或转慢跑为快走。

（6）注意可能发生的危险信号：老年人如果参与慢跑运动时感到呼吸困难、胸部疼痛、头昏眼花等不良反应，应立即停跑，就医检查，忌斗勇逞强，避免发生意外。另外，体型过于肥胖的老年人不宜选择跑步，因为过重的身体会加重老年人膝盖的负担，造成膝盖损伤；同时，跑步方法不当，可能导致膝关节损伤。若有膝关节炎、膝关节髌骨软化症、膝关节骨质增生、膝关节内外侧副韧带有炎症、跟腱轻微疼痛等疾病，也不适合慢跑锻炼。

（7）鞋子的选择：跑步应选择大小合适、缓冲力好、柔软耐磨、防滑以及透气性好的跑步鞋。另外，可用鞋垫对鞋子进行矫正，缓和下肢的负担，从而减少受伤。

锻炼建议： 根据自身身体素质情况，每周可进行2~3次慢跑锻炼，每次20~30分钟为宜。

第三节　传统健身功法简化锻炼方法

一、精选太极拳动作

场地器材：室内外平整场地一块，公园或体育场。

主要功能：练习太极拳可以静心，使注意力集中，通过不同动作可以对大脑进行良好的训练，在练习太极拳动作时，上肢、躯干、下肢都能进行锻炼，且太极拳很多动作主要是对下肢力量的锻炼，太极拳一些动作需要锻炼者有良好的支配能力以及平衡能力，所以进行太极拳的锻炼可以对平衡能力有一定的增强从而降低老年人跌倒几率。

动作要领：① 静心用意，呼吸自然，即练拳都要求思想安静集中，专心引导动作，呼吸平稳，深匀自然，不可勉强憋气；② 中正安舒，柔和缓慢，即身体保持舒松自然，不偏不倚，动作如行云流水，轻柔匀缓；③ 动作弧形，圆活完整，即动作要呈弧形式螺旋形，转换圆活不滞，同时以腰作轴，上下相随，周身组成一个整体；④ 连贯协调，虚实分明，即动作要连绵不断，衔接和顺，处处分清虚实，重心保持稳定；⑤ 轻灵沉着，刚柔相济，即每一动作都要轻灵沉着，不浮不僵，外柔内刚，发劲要完整，富有弹性，不可使用拙力。

锻炼建议：可视情况选择国家体育总局推广的八法五步、24式简化太极拳等相对较为简单的基础太极拳练习，有一定基础的老年人可以选择陈氏、杨氏等太极拳种练习，也可以选择一些与姿势控制和平衡能力相关的典型单个动作进行练习，每周练习3～5次，每次练习2～4遍，根据身体情况量力而行，一般每次总的练习时间在60～90分钟为宜。

二、精选八段锦动作

场地器材：室内或室外平整空地一块。

主要功能：八段锦属于低强度的有氧运动，动作幅度不大，节奏缓慢，动作简单易懂，共分为8个动作，非常适合中老年人。八段锦对于场地以及器械要求不高，简单易上手，主要是通过伸展，摇摆等简单动作来调动关节活动度，并可达到锻炼肌肉、强筋健骨的目的，老年人随着年纪的增长协调性以及关节灵活度都有所下降，而像八段锦这样简单易懂，运动强度较低的有氧运动，对老年人预防跌倒以及强身健体都有益处。

动作要领： ① 动作幅度要到位，初学者对于一些躯干前伸等动作尽量做到位，训练一定周期后动作以及幅度要到位。② 肌肉以及精神要放松，要处于放松状态，以达到进行自我调节的目的。③ 注意气息，八段锦主要讲究气息，要注意气息节奏。一般采用腹部呼吸，每个动作都有呼吸节奏，呼吸与动作相结合。

锻炼建议： 练习强度要因人而异，每周练习3~5次，每次练习2~4遍，根据身体情况量力而行，要控制动作速度以及幅度大小，动作不宜过大。也可以选择一些与姿势控制和平衡能力相关的典型单个动作进行练习，一般每次总的练习时间在60~90分钟为宜。

三、精选五禽戏动作

场地器材： 室内或室外平整空地一块。

主要功能： 五禽戏是一套很适合老年人强身治病的保健运动，五禽戏中的虎形可益肺气，有补肾健腰、增长体力的功效；熊形能舒肝气，有健脾胃、助消化、活关节等功效；鹿形健胃气，有疏通气血、健壮腰肾的功效；猿形固肾气，可增长臂力、健壮脾胃；鸟形调心气，有助于增强心肺功能、健壮肾腰。可见，五禽戏对五脏均有良好的作用，练习五禽戏，可达到一定的强身健体效果。五禽戏中熊戏锻炼可增强下肢肌肉力量，猿戏、鸟戏等对灵活性和平衡性有一定的促进作用，经常练习有助于老年人预防跌倒。

动作要领： 五禽戏是从古代导引术发展而来的，所以练五禽戏也必须掌握导引术的基本要领。就是要有意念的活动锻炼，配合呼吸和肢体活动。锻炼时三者要密切结合，融为一体。练习五禽戏必须像形取义。就是说练熊戏要像熊，练习鸟戏要像鸟，而且要取熊或鸟的活动对健身有意义的方面。

锻炼建议： 练习强度要因人而异，每周练习3~5次，每次练习2~4遍，根据身体情况量力而行，也可以选择一些与姿势控制和平衡能力相关的典型单个动作进行练习，要控制动作速度以及幅度大小，动作不宜过大。一般每次总的练习时间控制在60~90分钟为宜。

参考文献

[1] He W, Goodkind D, Kowal P. An aging world: 2015 [J]. US Census Bureau, 2016: 1-165.

[2] 黄森. 迈向老龄时代的中国老年人体育研究述评 [J]. 上海体育学院学报, 2013 (3): 20-25.

[3] 沈若玲, 郑春芳, 寻晶晶. 人口老龄化与老年社区护理现状 [J]. 现代护理, 2007, 13 (12): 1117-1119.

[4] 新华社. "健康中国2030" 规划纲要 [N]. 新华网, 2016-10-25.

[5] Roger V L, Go A S, Lloyd-Jones D M. Heart disease and stroke statistics-2011 updata a report from the american heart association [J]. Circulation, 2011, 123 (4): e18-e209.

[6] Patricia H, MaristelaB, Garcia. To fall is human: Falls, gait, and balance in older adults [M]. In: New directions in geriatric medicine. Springer. 2016: 71-90.

[7] Hsieh C, Fleegle S, Arenson C A. Mobility, gait, balance, and falls [M]. In: Geriatric urology. Springer, 2014: 89-102.

[8] Niina K, Pekka K, Seppo N, et al. Fall-induced deaths among older adults: Nationwide statistics in finland between 1971 and 2009 and prediction for the future [J]. Injury, 2013, 44 (6): 867-871.

[9] 卫生部预防控制局, 卫生部统计中心, 中国疾病预防控制中心. 中国伤害预防报告 [M]. 北京: 人民卫生出版社, 2007.

[10] 刘丽萍, 张慧清. 老人跌倒的评估及预防 [J]. 医学综述, 2007, 13 (11): 868-870.

[11] 肖春梅, 周巨林, 李阳, 等. 老年人跌倒相关因素的国外研究进展 [J]. 中国临床康复, 2002, 6 (7): 1014-1015.

[12] 周立兵. 老年人标准的建构与对延迟退休的思考 [J]. 理论学习, 2014, 5: 51-55.

［13］翟振武，李龙.老年人标准和定义的再探讨［J］.人口研究，2014，38（6）：57-63.

［14］顾大男.老年人年龄界定和重新界定的思考［J］.中国人口科学，2000，3：42-51.

［15］沙姆韦-库克，伍拉科特.运动控制原理与实践（第三版）［M］.毕胜，燕铁斌，王宁华，译.北京：人民卫生出版社，2009：260.

［16］王楚婕，王健.姿势控制增龄化研究进展［J］.中国康复医学杂志，2013（5）：483-486.

［17］KuyPers H G J M. Anatomy of the descending path ways［M］. In: Handbook of physiologysectionl: The nervous system, 1981: 597-666.

［18］Horak F B, Nashner L M. Central programming of postural movements: Adaptation to altered supportsurface configurations［J］. J Neurophysiol 1986, 55（6）: 1369-1381.

［19］Movement M J. Posture and equilibrium: Interaction and coordination［J］. Prog Neurobiol, 1991, 38（1）: 35-56.

［20］Gibson M J, Andres R O, Isaacs B. The prevention of falls in later life: A report of the kellogg international work group on the prevention of falls by the elderly［J］. Danish Med Bull, 1987, 34: 1-24.

［21］陈峥，崔德华，张洪林，等.老年跌倒综合征［J］.中国老年学杂志，2010，30（19）：2863-2865.

［22］京协和医院世界卫生组织疾病分类合作中心.疾病和有关健康问题的国际统计分类icd-10［M］.北京：人民卫生出版社，1996：839-841.

［23］李建存.风险评估——理论与实践［M］.北京：中国商务出版社，2012：2.

［24］曹志发.新编运动生理学［M］.北京：人民体育出版社，2004：262-263.

［25］李宗涛.老年女性跌倒相关的下肢姿势控制能力的研究［D］.北京：北京体育大学，2011.

［26］朱婷，安丙辰，梁贞文，等.认知对姿势控制能力影响的研究进展［J］.中华老年病研究电子杂志，2015，2（1）：35-38.

［27］Zimmer H D. Visual and spatial working memory: From boxes to networks ［J］. Neurosci Biobehav Rev, 2008, 32（8）: 1373-1395.

［28］GregPayne. 人类动作发展概论［M］. 耿培新, 梁国立, 译. 北京: 人民教育出版社, 2008: 406-410.

［29］Makizako H, Furuna T, Ihira H, et al. Age-related differences in the influence of cognitive task performance on postural control under unstable balance conditions［J］. International Journal of Gerontology, 2013, 7（4）: 199-204.

［30］Lundin-Olsson L N L, Gustafson Y. "Stops walking when talking" as a predictor of falls in elderly people［J］. Lancet, 1997: 349-617.

［31］Negahban H, Ahmadi P, Salehi R, et al. Attentional demands of postural control during single leg stance in patients with anterior cruciate ligament reconstruction［J］. Neuroscience letters, 2013, 556: 118-123.

［32］Lacour M, Bernard-Demanze L, Dumitrescu M. Posture control, aging and attention resources: Models and posture-analysis methods［J］. Neurophysiol Clin, 2008, 38（6）: 411-421.

［33］陈少贞, 张保锋, 赵江莉, 等. 脑卒中患者姿势控制调节过程中的高级脑功能成分分析［J］. 中国康复医学杂志, 2010, 25（2）: 139-144.

［34］玛吉尔. 运动技能学习与控制［M］. 张忠秋, 等译. 北京: 中国轻工业出版社, 2006: 1.

［35］Santos M J, Kanekar N, Aruin A S. The role of anticipatory postural adjustments in compensatory control of posture: 1.Electromyographic analysis［J］. Journal of electromyography and kinesiology : official journal of the International Society of Electrophysiological Kinesiology, 2010, 20（3）: 388-397.

［36］张芷, 王健. 神经肌肉下意识前馈与反馈控制的知觉线索效应［J］. 心理学报, 2014, 46（1）: 50-57.

［37］Maki B E, McIlroy W E. The role of limb movements in maintaining upright stance: The "change-insupport" strategy［J］. Phys Therapy 1997, 77: 488-507.

[38] Maki B E, McIlroy W E. Effects of aging on control of stability [M]. In: A textbook of audiological medicine: Clinical aspects of hearing and balance. Martin Dunitz, London: 2003: 671-690.

[39] Maki B E. Biomechanical approach to quantifying anticipatory postural adjustments in the edlderly [J]. Med Biol Eng Comput, 1993, 31: 355-362.

[40] Pai Y C, Patton J. Center of mass velocity-position predictions for balance control [J]. J Biomech 1997, 30: 347-354.

[41] 张秋霞. 功能性不稳踝关节神经肌肉控制研究 [D]. 苏州: 苏州大学, 2010.

[42] Runge C F, Shupert C L, Horak F B, et al. Ankle and hip postural strategies defined by joint torques [J]. Gait & posture, 1999, 10: 161-170.

[43] Pai Y C, Maki B E, Iqbal K. Thresholds for step initiation induced by support-surface translation: A dynamic center-of-mass model provides much better prediction than a static model [J]. Journal of biomechanics, 2000, 33: 390.

[44] Macpherson J M, Horak F B. Stance dependence of automatic postural adjustments in humans [J]. Experimental brain research, 1989, 78: 557-566.

[45] Maki B E, McIlroy W E. Control of rapid limb movements for balance recovery: Age-related changes and implications for fall prevention [J]. Age and ageing, 2006, 35-S2: 12-18.

[46] Noohu M M, Dey A B, Hussain M E. Relevance of balance measurement tools and balance training for fall prevention in older adults [J]. Journal of Clinical Gerontology and Geriatrics, 2014, 5: 31-35.

[47] 高茂龙, 宋岳涛. 中国老年人跌倒发生率meta分析 [J]. 北京医学, 2014: 796-798.

[48] Mary E, Tinetti M E, Mark S, et al. Risk factors for falls among elderly persons living in the community [J]. The New Journal Of Medicine, 1988, 319: 1701-1707.

[49] Gillespie L D, Robertson M C, Gillespie W J. Interventions for preventing falls in older people living in the community [J]. Cochrane Database Syst Rev 2012, 9: CD007146.

[50] Lee A Y, Tan J, Koh J. Five-year outcome of individuals with hip fracture admitted to a singapore hospital: Quality of life and survival rates after treatment [J]. Journal of the American Geriatrics Society, 2012, 60 (5): 994-996.

[51] Haleem S, Lutchman L, Mayahi R. Mortality following hip fracture: Trends and geographical variations over the last 40 years [J]. Injury, 2008, 39 (10): 1157-1163.

[52] Sampalis J S, Nathanson R, Villencourt J. Assessment of mortality of older trauma patients sustaining injuries from falls or motor vehicle collisions treated in level 1 trauma centers [J]. Ann Surg, 2009, 249 (3): 488-489.

[53] Herman T, Inbar-Borovsky N, Brozgol M, et al. The dynamic gait index in healthy older adults: The role of stair climbing, fear of falling and gender [J]. Gait & posture, 2009, 29 (2): 237-241.

[54] Dhargave P, Sendhilkumar R. Prevalence of risk factors for falls among elderly people living in long-term care homes [J]. Journal of Clinical Gerontology and Geriatrics, 2016, 7 (3): 99-103.

[55] Lach H W. Incidence and risk factors for developing fear of falling in older adults [J]. Public Health Nurs, 2005, 22 (1): 45-52.

[56] Bueno-Cavanillas A, Padilla-Ruiz F, Jime J J. Risk factors in falls among the elderly according to extrinsic and intrinsic precipitating causes [J]. European Journal of Epidemiology, 2000, 16: 849-859.

[57] Tinetti M E, Kumar C. The patient who falls "it's always a trade-off" [J]. JAMA, 2010, 303 (3): 258-266.

[58] Rubenstein L Z, Josephson K R. Guidelines for prevention of falls in older person [J]. Journal of the American Geriatrics Society, 2001, 49: 664-672.

［59］李世明 Y-i C Pai, Feng Yang. 人体动态稳定性理论及防跌倒扰动性训练进展［J］. 体育科学, 2011, 31（4）: 67-74.

［60］Rubenstein LZ J K. The epidemiology of falls and syncope［J］. Clin Geriatr Med, 2002, 18（2）: 141-158.

［61］Franklin R C, Boehm J, King J. A framework for the assessment of community exercise programmes: A tool to assist in odifying programmes to help reduce falls risk factors［J］. Age Ageing, 2013, 42（4）: 536-540.

［62］Hortobagyi T, Rider P, Gruber A H, et al. Age and muscle strength mediate the age-related biomechanical plasticity of gait［J］. European journal of applied physiology, 2016, 116（4）: 805-814.

［63］Aboutorabi A, Arazpour M, Bahramizadeh M, et al. The effect of aging on gait parameters in able-bodied older subjects: A literature review［J］. Aging clinical and experimental research, 2016, 28（3）: 393-405.

［64］Reed-Jones R J, Dorgo S, Hitchings M K, et al. Vision and agility training in community dwelling older adults: Incorporating visual training into programs for fall prevention［J］. Gait & posture, 2012, 35（4）: 585-589.

［65］Nagamatsu L S, Munkacsy M, Liu-Ambrose T, et al. Altered visual-spatial attention to task-irrelevant information is associated with falls risk in older adults［J］. Neuropsychologia, 2013, 51（14）: 3025-3032.

［66］王东海. 选择反应时在评价老年人跌倒风险中的初步应用［D］. 上海: 上海体育学院, 2014.

［67］Horning E, Gorman S. Vestibular rehabilitation decreases fall risk and improves gaze stability for an older individual with unilateral vestibular hypofunction［J］. Journal of geriatric physical therapy, 2007, 30（3）: 121-127.

［68］陈君, 石凤英, 李泽萍, 等. 预测老年人跌倒危险的平衡和步态功能性评定研究进展［J］. 中国康复医学杂志, 2004: 73-75.

［69］Rogers M E, Rogers N L, Takeshima N, et al. Methods to assess and improve the physical parameters associated with fall risk in older adults［J］. Preventive medicine, 2003, 36: 255-264.

[70] Woolley S M, Czaja S J, Drury C G. An assessment of falls in elderly men and women [J]. Journal of Gerontology: MEDICAL SCIENCES, 1997, 52A (2): M80-M87.

[71] Lord S R, Clark R D, Webster I W. Physiological factors associated with falls in an elderly population [J]. Journal of the American Geriatrics Society, 1991, 39: 1194-1200.

[72] 赵利群, 万巧琴. 老年人跌倒风险评估工具研究进展 [J]. 中国护理管理, 2012, 12 (11): 51-53.

[73] Kim K S, Kim J A, Choi Y K. A comparative study on the validity of fall risk assessment scales in korean hospitals [J]. Asian Nursing Research, 2011, 5 (1): 28-37.

[74] Mathias S, Nayak U, Issacs B. Balance in elderly patients: The "get-up and go" test [J]. Arch Phys Med Rehabil, 1986, 67: 387-389.

[75] Podsiadlo D, Richardson S. The timed "up and go" test: A test of basic funtional mobility for frail elderly persons [J]. Journal of the American Geriatrics Society, 1991, 39: 142-148.

[76] Shumway-Cook A, Brauer S, Woollacott M. Predicting the probability for falls in community-dwelling older adults using the timed up and go test [J]. Phys Therapy, 2000, 80: 896-903.

[77] Duncan P W, Weiner D K, Chandler J. Funtional reach: A new clinical measure of balance [J]. J Gerontol, 1990, 45: M195.

[78] Newton R. Validity of the multi-directional reach test: A practial measure for limits of stability in older adults [J]. J Gerontol Med Sci, 2001, 56A: M250.

[79] Tinetti M E. Performance-oriented assessment of mobility problems in elderly patients [J]. Journal of the American Geriatrics Society, 1986, 34: 119-126.

[80] Berg K. Measuring balance in the elderly: Validation of an instrument [D]. Momtreal, Que: Dissertation.Mc Gill University, 1993.

[81] Rose D. Fall proof: A comprehensive balance and mobility program [M]. In: CHAMPAIGN. Human kinetics, 2003: 246-249.

[82] Guralnik J M, Simonsick E M, Ferrucci L, et al. A short physical performance battery assessing lower extremity function: Association with self-reported disability and prediction of mortality and nursing home admission [J]. J Gerontol Med Sci, 1994, 49 (2): 85-94.

[83] Hsiao-Wecksler E T. Biomechanical and age-related differences in balance recovery using the tether-release method [J]. Journal of electromyography and kinesiology: official journal of the International Society of Electrophysiological Kinesiology, 2008, 18 (2): 179-187.

[84] Natal J, M.Tavares R, S. J M R, et al. Planta pressure assessment: A new tool for postural instability diagnosis in muliple sclerosis [M]. In: Technologies for medical sciences. New York: Springger, 2012. 179-204.

[85] Park S W, Sohn R H, Hwang S H, et al. Comparison of sensor systems for gait phase detecting in hemiplegic gait [J]. IFMBE Proceedings, 2009, 25: 358-361.

[86] Salarian A, Horak F B, Zampieri C. Itug, a sensitive and reliable measure of mobility [J]. IEEE, TNSER, 2009, 2009-00257: 1-8.

[87] Martina M, Arash S, Patricia C-K. Isway, a sensitive, valid and reliable measure of postural control [J]. Journal of neuroengineering and rehabilitation, 2012, 9: 59.

[88] Hahn M E, Chou LS. A model for detecting balance impairment and estimating falls risk in the elderly [J]. Annals of Biomedical Engineering, 2005, 33: 811-820.

[89] Lee HJ, Chou LS. Balance control during stair negotiation in older adults [J]. Journal of biomechanics, 2007, 40: 2530-2536.

[90] Granacher U, Muehlbauer T, Gruber M. A qualitative review of balance and strength performance in healthy older adults: Impact for testing and training [J]. J Aging Res, 2012.

[91] Shumway-Cook A, Woollacott M H. Motor control: Translating research into clinical practice. 3rd edition [M]. Philadelphia: PA: Lippincott Williams & Wilkins, 2007: 68.

[92] Muehlbauer T, Besemer C, Wehrle A. Relationship between strength, power and balance performance in seniors [J]. Gerontology 2012, 58 (6): 504-512.

[93] Henderson G C, Irving B A, Nair K S. Potential application of essential amino acid supplementation to treat sarcopenia in elderly people [J]. J Clin Endocrinol Metab, 2009, 94 (5): 1524-1526.

[94] Cruz-Jentoft A J, Baeyens J P, Bauer J M. Sarcopenia: European consensus on definition and diagnosis: Report of the european working group on sarcopenia in older people [J]. Age and ageing, 2010, 39 (4): 412-423.

[95] Carmeli E, Coleman R, Reznick A Z. The biochemistry of aging muscle [J]. Exp Gerontol 2002, 37 (4): 477-489.

[96] Reid K F, Callahan D M, Carabello R J. Lower extremity power training in elderly subjects with mobility limitations: A randomized controlled trial [J]. Aging clinical and experimental research, 2008, 20 (4): 337-343.

[97] Henwood T R, Taaffe D R. Improved physical performance in older adults undertaking a short-term programme of high-velocity resistance training [J]. Gerontology, 2005, 51 (2): 108-115.

[98] Morrison S, Colberg S R, Parson H K. Exercise improves gait, reaction time and postural stability in older adults with type 2 diabetes and neuropathy [J]. Journal of diabetes and its complications, 2014, 28 (5): 715-722.

[99] Merom D, Pye V, Macniven R, et al. Prevalence and correlates of participation in fall prevention exercise/physical activity by older adults [J]. Preventive medicine, 2012, 55 (6): 613-617.

[100] Elbar O, Tzedek I, Vered E, et al. A water-based training program that includes perturbation exercises improves speed of voluntary stepping in older adults: A randomized controlled cross-over trial [J]. Archives of gerontology and geriatrics, 2013, 56 (1): 134-140.

[101] 段峰. 跌倒预防运动干预对社区老年人运动能力的影响 [J]. 山东体育学院学报, 2011, 27 (11): 59-62.

[102] 邓菲菲, 甘秀妮. 运动锻炼与多因素评估及干预对老年人预防跌倒效果的meta分析 [J]. 中国老年学杂志, 2011, 31 (5): 735-737.

[103] Massion J. Postural control system [J]. Curr Opin Neurobiol, 1994, 4: 877-887.

[104] Aniansson A, Hedberg M, Henning G, et al. Muscle morphology, enzymatic activity and muscle stength in elderly men: A follow up study [J]. Muscle Nerve, 1986, 9: 585-591.

[105] Hughes V A, Frontera W R, Wood M, et al. Longitudinal muscle strength changes in older adults: Influence of muscle mass, physical activity and health [J]. J Gerontol Biol Sci, 2001, 56A: B209-217.

[106] Batista F S, Gomes G A, Neri A L, et al. Relationship between lower-limb muscle strength and frailty among elderly people [J]. Sao Paulo Med J, 2012, 130 (2): 102-108.

[107] Fried L P, Tangen C M, Walston J, et al. Frailty in older adults: Evidence for a phenotype [J]. The journals of gerontology Series A, Biological sciences and medical sciences, 2001, 56 (3): 146-156.

[108] Ensrud K E, Ewing S K, Taylor B C, et al. Comparison of 2 frailty indexes for prediction of falls, disability, fractures, and death in older women [J]. Arch Intern Med, 2008, 168 (4): 382-389.

[109] Buchner D M, Delateur B J. The importance of skeletal muscle strength to phyical function in older adults [J]. Ann Behav Med, 1991, 13: 1-12.

[110] Bean J F, Leveille S G, Kiely D K, et al. A comparison of leg power and leg strength within the inchianti study: Which influences mobility more? [J]. J Gerontol Med Sci, 2003, 58A: 728-733.

[111] 刘宇, 彭千华, 田石榴. 老年人肌力流失与肌肉疲劳的肌动图研究 [J]. 体育科学, 2007, 27 (5): 57-64.

[112] Maki B E, Holliday P J, Femie G R. Aging and postural control: A comparison of spontaneous- and induced-sway balance tests [J]. J Am Geriatr Soc, 1990, 38: 1-9.

[113] Wolfson L, Whipple R, Derby C A, et al. A dynamic posturography study of balance in healthy elderly [J]. Neurology, 1992, 42: 2069-2075.

[114] Horak F B, Nutt J G, Nashner L M. Postural inflexibility in parkinsonian subjects [J]. Journal of the neurological sciences, 1992, 111: 46-58.

[115] 任杰, 渡部和彦. 直立姿势控制中头部动摇与足压中心移动的区别 [J]. 中国运动医学杂志, 2011: 32-35.

[116] Carbonneau E, Smeesters C. Effects of age and lean direction on the threshold of single-step balance recovery in younger, middle-aged and older adults [J]. Gait & posture, 2014, 39 (1): 365-371.

[117] Nagai K, Yamada M, Mori S, et al. Effect of the muscle coactivation during quiet standing on dynamic postural control in older adults [J]. Archives of gerontology and geriatrics, 2013, 56 (1): 129-133.

[118] Barrett R S, Cronin N J, Lichtwark G A, et al. Adaptive recovery responses to repeated forward loss of balance in older adults [J]. Journal of biomechanics, 2012, 45: 183-187.

[119] Aftab Z, Robert T, Wieber P B. Predicting multiple step placements for human balance recovery tasks [J]. Journal of biomechanics, 2012, 45 (16): 2804-2809.

[120] Lin S-I, Woollacott M H. Differentiating postural responses following dynamically changing balance threats in young adults, healthy older adults and unstable older adults: Electromyography [J]. J Mot Behav, 2002, 34: 37-44.

[121] Sparto P J, Jennings J R, Furman J M, et al. Lateral step initiation behavior in older adults [J]. Gait & posture, 2014, 39 (2): 799-803.

[122] Baird J L, Richard E A, Van E. Young and older adults use different strategies to perform a standing turning task [J]. Clinical biomechanics, 2009, 24 (10): 826-832.

[123] 王少君. 老年人侧向姿势控制能力下降的机制及太极拳锻炼效果的研究 [D]. 天津: 天津体育学院, 2009.

[124] Fuhrman S I, Redfern M S, Jennings J R, et al. Interference between postural control and spatial vs. Non-spatial auditory reaction time tasks in older adults [J]. Journal of vestibular research: equilibrium & orientation, 2015, 25 (2): 47-55.

[125] Shumway-Cook A, Woollacott M H. Motor control: Translating research into clinical practice, 4th ed [M]. Baltimore: Williams and Wilkins, 2012.

[126] Chen H C, Ashton-Miller J A, Alexander N B, et al. Effects of age and available response time on ability to step over an obstacle [J]. Journal of Gerontology, 1994, 49 (5): M227-233.

[127] Black F O, Nashner L M. Postural control in four classes of vestibular abnormalities [M]. In: Vestibular and visual control of posture and locomotor equilibrium. Basel: Karger, 1985: 271-281.

[128] Rosenhall U, Rubin W. Degenerative changes in the human vestibular sensory epithelia [J]. Acta oto-laryngologica, 1975, 79: 67-81.

[129] Horak F B, Moore S. Lateral postural responses: The effect of stance width and perturbation amplitude [J]. Phys Ther, 1989, 69: 363-365.

[130] Woollacott M, Shumway-Cook A. The development of the postural and voluntary motor control system in down's syndrome children [M]. In: Motor skill acquisiton of the mentally handicapped: Isues in research and training. Amsterdam: Elsevier, 1986: 45-71.

[131] Pai Y-C, Wening J D, Runtz E F, et al. Role of feedforward control of movement stability in reducing slip-related balance loss and falls among older adults [J]. J Neurophysiol, 2003, 90: 755-762.

[132] 韩笑, 石岱青, 周晓文, 等. 认知训练对健康老年人认知能力的影响 [J]. 心理科学进展, 2016, 24 (6): 909-922.

[133] 徐畅, 周成林, 马阳. 生活方式对延缓老年人认知功能衰退的研究 [J]. 体育科学, 2014, 34 (5): 35-44.

[134] Duncan J, Owen A M. Common regions of the human frontal lobe recruited by diverse cognitive demands [J]. Trends in Neurosciences, 2000, 23 (10): 475-483.

[135] Oliver B, Veronique D, Francois H, et al. Relationship between dual-task related gait changes and intrinsic risk factors for falls among transitional frail older adults [J]. Aging clinical and experimental research, 2005, 17 (4): 270-275.

[136] Hall C D, Heusel-Gillig L. Balance rehabilitation and dual-task ability in older adults [J]. Journal of Clinical Gerontology and Geriatrics, 2010, 1 (1): 22-26.

[137] Gay R K. Neurocognitive measures in the assessment of vestibular disturbance in patients with brain injury [J]. Neuro Rehabilitation, 2013, 32 (3): 473-482.

[138] Deschamps T, Beauchet O, Annweiler C, et al. Postural control and cognitive decline in older adults: Position versus velocity implicit motor strategy [J]. Gait & posture, 2014, 39 (1): 628-630.

[139] Woollacott M, Shumway-Cook A. Attention and the control of posture and gait: A review of an emerging area of research [J]. Gait & posture, 2002, 16 (3): 1-14.

[140] Ebersbach G, Dimitrijevic M R, Poewe W. Influence of concurrent tasks on gait: A dual task approach [J]. Percept Mot Skills, 1995, 81: 107-113.

[141] Kang H G, Quach L, Li W, et al. Stiffness control of balance during dual task and prospective falls in older adults: The mobilize boston study [J]. Gait & posture, 2013, 38 (4): 757-763.

[142] Southard V, Dave M, Davis M G, et al. The multiple tasks test as a predictor of falls in older adults [J]. Gait & posture, 2005, 22 (4): 351-355.

[143] Lindenberger U, Marsiske M, Baltes P B. Memorizing while walking: Increase in dual-task costs from young adulthood to old age [J]. Psychol Aging, 2000, 15: 417-436.

[144] 李铁映,张昕. 预测决策方法 [M]. 沈阳:辽宁科学技术出版社,1984:24-30.

[145] 陈超. 老年人跌倒的身体素质因素与力量训练干预研究 [D]. 北京:北京体育大学,2016.

[146] 孙庆祝. 体育测量与评价 [M]. 北京：高等教育出版社，2006：154-212.

[147] 梁颖，彼末一之. 身体姿势控制的线性和非线性评价 [J]. 北京体育大学学报，2015，38：68-71.

[148] 段子才，庄洁. 老年人的跌倒预防与肌肉力量训练 [J]. 中国老年学杂志，2011，31：4074-4076.

[149] Imagama S, Ito Z, Wakao N, et al. Influence of spinal sagittal alignment, body balance, muscle strength, and physical ability on falling of middle-aged and elderly males [J]. European spine journal : official publication of the European Spine Society, the European Spinal Deformity Society, and the European Section of the Cervical Spine Research Society, 2013, 22：1346-1353.

[150] Yamada M, Arai H, Nagai K, et al. Development of a new fall risk assessment index for older adults [J]. International Journal of Gerontology, 2012, 6：160-162.

[151] Yamada M, Ichihashi N. Predicting the probability of falls in community-dwelling elderly individuals using the trail-walking test [J]. Environmental health and preventive medicine, 2010, 15：386-391.

[152] Van Dieen J H, Pijnappels M. Falls in older people [J]. Journal of electromyography and kinesiology : official journal of the International Society of Electrophysiological Kinesiology, 2008, 18（2）：169-171.

[153] 王红雨. 70岁以上高龄老人健康体适能评价指标体系的构建与应用研究 [D]. 苏州：苏州大学，2015.

[154] Norris B S, Medley A. The effect of balance confidence and context on functional reach ability in healthy older adults [J]. PM R, 2011, 3（9）：811-816.

[155] Regterschot G R, Folkersma M, Zhang W, et al. Sensitivity of sensor-based sit-to-stand peak power to the effects of training leg strength, leg power and balance in older adults [J]. Gait & posture, 2014, 39：303-307.

［156］Goldberg A. The five-times-sit-to-stand-test（ftsst），the short version of the activities-specific balance confidence（abc）scale, and fear of falling predict step execution time（set）in older adults［J］. Archives of gerontology and geriatrics, 2012, 54（3）: 434-438.

［157］Ng, Shamay SM.Balance ability, not muscle strength and exercise endurance, determines the performance of hemiparetic subjects on the timed-sit-to-stand test［J］. Am J Phys Med Rehabil, 2010, 89: 497-504.

［158］Takai Y , Ohta M, Akagi R, et al. Sit-to-stand test to evaluate knee extensor muscle size and strength in the elderly: A novel approach［J］. J Physiol Anthropol, 2009, 28: 123-128.

［159］瓮长水，王娜，刘立明，等.5次坐立试验用于预测老年人跌倒危险的有效性［J］.中国康复医学杂志，2012，908-912.

［160］Samson M M, Crowe A, de Vreede P L, et al. Differences in gait parameters at a preferred walking speed in healthy subjects due to age, height and body weight［J］. Aging clinical and experimental research, 2001, 13: 16-21.

［161］王雪.行走运动技能适应性与老年跌倒［D］.天津：天津体育学院，2012.

［162］屈莎.预测中老年人跌倒优势判别指标和风险评价等级的研究［D］.北京：北京体育大学，2015.

［163］瓮长水，王娜，刘立明，等.三种功能性移动能力测试工具对预测老年人跌倒危险有效性的比较［J］.中国康复医学杂志，2013：109-113.

［164］Peters D M, Fritz S L, Krotish D E. Assessing the reliability and validity of a shorter walk test compared with the 10-meter walk test for measurements of gait speed in healthy, older adults［J］. Journal of geriatric physical therapy, 2013, 36: 24-30.

［165］韩东波，陈冬青.倒走运动的生物力学特性的研究进展［J］.中国康复医学杂志，2011，26：990-993.

［166］颉梦宁，李风雷.运动人体科学实验指导［M］.北京：北京理工大学出版社，2015：103.

［167］李洁，段海俊. 运动人体科学实验原理与方法［M］. 北京：人民体育出版社，2010：163-165.

［168］Inoue W, Ikezoe T, Tsuboyama T, et al. Are there different factors affecting walking speed and gait cycle variability between men and women in community-dwelling older adults?［J］. Aging Clin Exp Res, 2016, Apr 11.

［169］Beauchet O, Barden J, Liu-Ambrose T, et al. The relationship between hippocampal volume and static postural sway: Results from the gait study［J］. Age, 2016, 38: 19.

［170］Riva F, Bisi M C, Stagni R. Gait variability and stability measures: Minimum number of strides and within-session reliability［J］. Computers in biology and medicine, 2014, 50: 9-13.

［171］孔令富，侯亚辉，李海涛. 老年人异常行走步态特征提取［J］. 计算机仿真，2010，27：242-244.

［172］Fernando M, Crowther R G, Cunningham M, et al. The reproducibility of acquiring three dimensional gait and plantar pressure data using established protocols in participants with and without type 2 diabetes and foot ulcers［J］. J Foot Ankle Res, 2016, 9: 4.

［173］陈岩，孙威，杨帆，等. 有跌倒史老年人在不同行走状态下足底压力特征研究［J］. 山东体育学院学报，2014，3：57-60.

［174］金冬梅，燕铁斌. 平衡功能临床评定研究进展［J］. 中华物理医学与康复杂志，2002，24：187-189.

［175］程磊. 有跌倒史老年人群足底压力分布特征分析［D］. 长春：东北师范大学，2010.

［176］Beauchet O, Fantino B, Allali G, et al. Timed up and go test and risk of falls in older adults: A systematic review［J］. The Journal of Nutrition, Health & Aging 2011, 15（10）：933-938.

［177］Sturnieks D L, Menant J, Vanrenterghem J, et al. Sensorimotor and neuropsychological correlates of force perturbations that induce stepping in older adults［J］. Gait & posture, 2012, 36: 356-360.

[178] Scovil C Y, Zettel J L, Maki B E. Stepping to recover balance in complex environments: Is online visual control of the foot motion necessary or sufficient? [J]. Neuroscience letters, 2008, 445: 108-112.

[179] 王步标, 华明. 运动生理学 [M]. 北京: 高等教育出版社, 2011: 154-155.

[180] Lu X, Siu K C, Fu S N, et al. Tai chi practitioners have better postural control and selective attention in stepping down with and without a concurrent auditory response task [J]. European journal of applied physiology, 2013, 113: 1939-1945.

[181] Martina Mancini A S, Patricia Carlson-Kuhta, et al. Isay: A sensitive, valid and reliable measure of postural control [J]. Journal of neuroengineering and rehabilitation, 2012, 59.

[182] Whitney S L, Hudak M T, Marchetti G F. The dynamic gait index relates to self-reported fall history in individuals with vestibular dysfunction [J]. Journal of vestibular research: equilibrium & orientation, 2000, 10: 99-105.

[183] 朱婷, 安丙辰, 梁贞文, 等. 认知对姿势控制能力影响的研究进展 [J]. 中华老年病研究电子杂志, 2015: 35-38.

[184] 林清, 陈建红, 任小红. 认知功能对老年人跌倒影响的研究进展 [J]. 解放军护理杂志, 2016: 43-45+54.

[185] 陈秀恩, 郑洁皎, 施海涛, 等. 认知注意力、平衡功能双重任务训练对预防老年人跌倒的临床研究 [J]. 中国康复, 2016: 215-217.

[186] Graveson J, Bauermeister S, McKeown D, et al. Intraindividual reaction time variability, falls, and gait in old age: A systematic review [J]. The journals of gerontology Series B, Psychological sciences and social sciences, 2016, 71: 857-864.

[187] Eichorn J, Orner J, Rickard K, et al. Aging effects on dual-task methodology using walking and verbal reaction time [J]. Issues Aging, 1998, 21: 8-12.

[188] Uemura K, Yamada M, Nagai K, et al. Effects of dual-task switch exercise on gait and gait initiation performance in older adults: Preliminary results of a randomized controlled trial [J]. Archives of gerontology and geriatrics, 2012, 54: 167-171.

[189] Lord S R, F R C. Choice stepping reaction time: A composite measure of falls risk in older people [J]. J Gerontol A-Biol, 2001, 56: 627-632.

[190] Pijnappels M D K, Sturnieks D L, et al. The association between choice stepping reaction time and falls in older adults-a path analysis model [J]. Age and ageing, 2010, 39: 99-104.

[191] 曾光. 现代流行病学方法与应用 [M]. 北京: 北京医科大学中国协和医科大学联合出版社, 1994: 87.

[192] Maki B E, Sibley K M, Jaglal S B, et al. Reducing fall risk by improving balance control: Development, evaluation and knowledge-translation of new approaches [J]. Journal of safety research, 2011, 42: 473-485.

[193] Maki B E, Holliday P J, Topper A K. A prospective study of postural balance and risk of falling in an ambulatory and independent elderly population [J]. J Gerontol Med Sci, 1994, 49: 72-84.

[194] Kopke S, Meyer G. The tinetti test: Babylon in geriatric assessment [J]. Zeitschrift fur Gerontologie und Geriatrie, 2006, 39: 288-291.

[195] Agrawal Y, Carey J P, Hoffman H J, et al. The modified romberg balance test: Normative data in us adults [J]. Otol Neurotol, 2011, 32 (8): 1309-1311.

[196] Goldberg A, Chavis M, Watkins J, et al. The five-times-sit-to stand test: Validity, reliability and detectable change in older females [J]. Aging Clin Exp Res, 2012, 24: 339-44.

[197] Gschwind Y J, Kressig R W, Lacroix A, et al. A best practice fall prevention exercise program to improve balance, strength / power, and psychosocial health in older adults: Study protocol for a randomized controlled trial [J]. BMC geriatrics, 2013, 13: 105.

[198] Najafi D A, Dahlberg L E, Hansson E E. A combination of clinical balance measures and frax（r）to improve identification of high-risk fallers [J]. BMC geriatrics, 2016, 16: 94.

[199] Ng S S, Cheung S Y, Lai L S, et al. Association of seat height and arm position on the five times sit-to-stand test times of stroke survivors [J]. Biomed Res Int, 2013, 2013: 642-652.

[200] Tiainen K, Pajala S, Sipila S, et al. Genetic effects in common on maximal walking speed and muscle performance in older women [J]. Scand J Med Sci Sports, 2007, 17: 274-280.

[201] Spain R I, St George R J, Salarian A, et al. Body-worn motion sensors detect balance and gait deficits in people with multiple sclerosis who have normal walking speed [J]. Gait & posture, 2012, 35: 573-578.

[202] Winter D A, Patla A E, Frank J S, et al. Biomechanical walking pattern changes in the fit and healthy elderly [J]. Phys Therapy, 1990, 70（6）: 340-347.

[203] 魏俊民, 蔡睿. 我国成年人选择反应时状况分析 [J]. 天津体育学院学报, 2006, 21（5）: 138-140.

[204] 洪雪珍, 王俊. 基于逐步判别分析和BP神经网络的电子鼻猪肉储藏时间预测 [J]. 传感技术学报, 2010, 23（10）: 1377-1380.

[205] 孙正顺, 刘广臣. 判别分析及BP神经网络在医学信息处理中的应用 [J]. 科技创新导报, 2008, 18（2）: 27.

[206] Das P, McCollum G. Invariant structure in locomotion [J]. Neuroscience, 1988, 25: 1023-1034.

[207] Finley F R, Cody K A. Locomotive characteristics of urban pedestrians [J]. Arch Phys Med Rehabil, 1970, 51: 423-426.

[208] Krasovsky T, Lamontagne A, Feldman A G, et al. Effects of walking speed on gait stability and interlimb coordination in younger and older adults [J]. Gait & posture, 2014, 39（1）: 378-385.

[209] Rantanen T, Guralnik J M, Izmirlian G, et al. Association of muscle strength with maximum walking speed in disabled older women [J]. Am J Phys Med Rehab, 1998, 77: 299-305.

[210] Frontera W R, Hughes V A, Fielding R A, et al. Aging of skeletal muscle: A 12-yr longitudinal study [J]. J Appl Physiol, 2000, 88: 132-161.

[211] Bohannon R W. Comfortable and maximum walking speed of adults aged 20-79 years: Reference values and determinants [J]. Age and ageing, 1997, 26: 15-19.

[212] 刘元标, 励建安. 老年人跌倒与平衡及步态异常 [J]. 中国康复理论与实践, 2012, 18(1): 5-8.

[213] Orendurff M S, Segal A D, Klute G K, et al. The effect of walking speed on center of mass displacement [J]. J Rehabil Res Dev, 2004, 41: 829-834.

[214] Winter D. Biomechanics and motor control of human movement [M]. New York: Wiley, 2005: 8.

[215] Winter D. Kinetics: Our window into the goals and strategies of the central nervous system [J]. Behav Brain Res, 1995, 67(2): 111-120.

[216] Winter D, Patla A, Ishac M, et al. Motor mechanisms of balance during quiet standing [J]. Journal of electromyography and kinesiology: official journal of the International Society of Electrophysiological Kinesiology, 2003, 13(1): 49-56.

[217] Merlo A, Zemp D, Zanda E, et al. Postural stability and history of falls in cognitively able older adults: The canton ticino study [J]. Gait & posture, 2012, 36(4): 662-666.

[218] Gage W, Winter D, Frank J, et al. Kinematic and kinetic validity of the inverted pendulum model in quiet standing [J]. Gait & posture, 2004, 19(2): 124-132.

[219] Pascolo P, Barazza F, Carniel R. Considerations on the application of the chaos paradigm to describe the postural sway [J]. Chaos Soliton Fract, 2006, 27(5): 1339-1346.

[220] 李萍, 邹晓峰, 程磊, 等. 有跌倒史的老年人群足底压力特征研究 [J]. 中国老年学杂志, 2011, 31(7): 1122-1124.

[221] Streepey J W, Angulo-Kinzler R M. The role of task difficulty in the control of dynamic balance in children and adults [J]. Hum Mov Sci, 2002, 21 (4): 423-438.

[222] 李正宇, 张盘德. 踝背屈延迟预测老年人跌倒 [J]. 国外医学·物理医学与康复学分册, 2004, 24 (1): 39-40.

[223] 霍洪峰, 吴艳霞, 高峰, 等. 男性老年人健步走足底压力分布与步态特征 [J]. 中国康复医学杂志, 2009, 24 (12): 1119-1121.

[224] Menz H B, Morris M E. Clinical determinants of plantar forces and pressures during walking in older people [J]. Gait & posture, 2006, 24: 229-236.

[225] Cavanagh P R, Morag E E, Boulton A J, et al. The relationship of static foot structure to dynamic foot function [J]. J Biomech, 1997, 30 (3): 243-250.

[226] Michael J M, Hastingsa M, Commeanb P K, et al. Forefoot structural predictors of plantar pressures during walking in people with diabetes and peripheral neuropathy [J]. Journal of biomechanics, 2003, 36: 1009-1017.

[227] Murray M P, Kory R C, Clarkson B H. Walking patterns in healthy older men [J]. J Gerontol, 1969, 24: 169-178.

[228] Devita P, Hortobagyi T. Age causes a redistribution of joint torques and powers during gait [J]. J Appl Physiol, 2000, 88: 1804-1811.

[229] 王永慧, 严励, 杨川, 等. 不同年龄健康人足底压力参数的比较 [J]. 中华老年学杂志, 2005, 25 (10): 761-762.

[230] 张庆来, 孟站领. 正常青年人左右足底压力分布特征的对比分析 [J]. 中国组织工程研究与临床康复, 2007, 11 (5): 889-892.

[231] 袁刚, 张木勋, 王中琴, 等. 正常人足底压力分布及其影响因素分析 [J]. 中华物理医学与康复杂志, 2004, 26 (3): 156-159.

[232] Murat B, Hakan T. The evaluation of plantar pressure distribution in obese and non-obese adults [J]. Clinical biomechanics, 2004, 19: 1055-1059.

[233] Stewart S, Dalbeth N, Vandal A C, et al. Spatiotemporal gait parameters and plantar pressure distribution during barefoot walking in people with gout and asymptomatic hyperuricemia: Comparison with healthy individuals with normal serum urate concentrations [J]. Journal of foot and ankle research, 2016, 9: 15.

[234] Saunders J B, Inman V T, Eberhart H D. The major determinants in normal and pathological gait [J]. J Bone Joint Surg Am, 1953, 35: 543-558.

[235] Farley C T, Ferris D P. Biomechanics of walking and running: Center of mass movements to muscle action [J]. Exerc Sport Sci Rev, 1998, 26: 253-285.

[236] Purushottam B. Thapa, Patricia Gideon, Kelly G. Brockman, et al. Clinical and biomechanical measures of balance as fall predictors in ambulatory nursing home residents [J]. Journal of Gerontology: MEDICAL SCIENCES, 1996, 51A(5): M239-M246.

[237] Moghadam M, Ashayeri H, Salavati M, et al. Reliability of center of pressure measures of postural stability in healthy older adults: Effects of postural task difficulty and cognitive load [J]. Gait & posture, 2011, 33: 651-655.

[238] Slobounov S M, Haibach P S, KM N. Aging-related temporal constraints to stability and instability in postural control [J]. Eur Rev Aging Phys Act, 2006, 3: 55-62.

[239] Blaszczyk J W, Michalski A. Aging and postural stability [J]. Stud Phys Culture Tour, 2006, 13: 11-14.

[240] 任超学, 徐纳新, 王少君. 足底压力中心移动面积评价方法的比较 [J]. 西安体育学院学报, 2012, 29(2): 219-222.

[241] Patric Schubert, Kirchner M. Ellipse area calculations and their applicability in posturography [J]. Gait & posture, 2014, 39: 518-522.

[242] Yungher D A, Morgia J, Bair W N, et al. Short-term changes in protective stepping for lateral balance recovery in older adults [J]. Clinical biomechanics, 2012, 27: 151-157.

[243] Claudino R, dos Santos E C, Santos M J. Compensatory but not anticipatory adjustments are altered in older adults during lateral postural perturbations [J]. Clinical neurophysiology : official journal of the International Federation of Clinical Neurophysiology, 2013, 124: 1628-1637.

[244] Kalron A, Achiron A. Postural control, falls and fear of falling in people with multiple sclerosis without mobility aids [J]. Journal of the neurological sciences, 2013, 335: 186-190.

[245] Lacour M, Bernard-Demanze L, Dumitrescu M. Posture control, aging, and attention resources: Models and posture-analysis methods [J]. Neurophysiologie clinique = Clinical neurophysiology, 2008, 38 (6): 411-421.

[246] Lin D D, Seol H, Maury A. Nussbaum, et al. Reliability of cop-based postural sway measures and age-related differences [J]. Gait & posture, 2008, 28: 337-342.

[247] McClenaghan B A, Williams H G, Dickerson J, et al. Spectral characteristics of ageing postural control [J]. Gait & posture, 1995, 3: 123-131.

[248] 王少君, 齐静, 徐纳新, 等. 太极拳和慢跑锻炼对老人静态姿势控制能力影响的研究 [J]. 运动, 2016, 7: 154-155.

[249] 王坦, 傅水根. 闭眼单脚站立自动测试设备的研制 [J]. 北京体育大学学报, 2004, 27 (4): 489-490.

[250] 郭养淳. Romberg与Romberg试验 [J]. 国外医学（耳鼻咽喉科）, 1982, 5: 306-307.

[251] 袁金风, 张秋霞, 陆阿明. 闭眼单脚站立方法在体质测试中的应用 [J]. 中国组织工程研究, 2013, 17 (33): 6049-6054.

[252] Kubo A, Murata S, Otao H, et al. Significance of the elderly living in the community being able to stand on one leg with eyes opena study of physical, cognitive, and psychological functions [J]. J Phys Therapy Sci, 2012, 24: 625-628.

[253] Lord S R, Clark R D. Simple physiological and clinical tests for the accurate prediction of falling in older people [J]. Gerontology, 1996, 42: 199-203.

[254] Lord S R, Fitzpatrick R C. Choice stepping reaction time: A composite measure of falls risk in older people [J]. The journals of gerontology Series A, Biological sciences and medical sciences, 2001, 56: M627-632.

[255] Grabiner M D, Jahnigen D W. Modeling recovery from stumbles: Preliminary data on variable selection and classification efficacy [J]. J Am Geriatr Soc, 1992, 40: 910-913.

[256] Morrison S, Colberg S R, Parson H K, et al. Exercise improves gait, reaction time and postural stability in older adults with type 2 diabetes and neuropathy [J]. Journal of diabetes and its complications, 2014, 28: 715-722.

[257] 洪家云. 我国老年人体质调查与分析 [J]. 体育科学, 2004, 24 (4): 45-47.

[258] 江崇民, 于道中, 季成叶, 等.《国民体质测定标准》的研制 [J]. 体育科学, 2004, 24 (3): 33-36.

[259] Pijnappels M, Delbaere K, Sturnieks D L, et al. The association between choice stepping reaction time and falls in older adults—a path analysis model [J]. Age and ageing, 2010, 39: 99-104.

[260] Bunce D, Haynes B I, Lord S R, et al. Intraindividual stepping reaction time variability predicts falls in older adults with mild cognitive impairment [J]. The journals of gerontology Series A, Biological sciences and medical sciences, 2016, Sep 3. pii: glw164.

[261] 傅荟璇, 赵红. Matlab 神经网络应用设计 [M]. 北京: 机械工业出版社, 2010: 21-91.

[262] 朱凯, 王正林. 精通matlab神经网络 [M]. 北京: 电子工业出版社, 2010: 193-200.

[263] MATLAB中文论坛. Matlab神经网络30个案例分析 [M]. 北京: 北京航空航天大学出版社, 2010: 1.

[264] 吕军城. 山东省农村居民自杀未遂预警BP神经网络及指标体系构建 [D]. 济南: 山东大学, 2015.

[265] 童飞. 基于BP神经网络的水上交通事故预测及matlab实现 [D]. 武汉: 武汉理工大学, 2005.

[266] 田敬霞. 基于人工神经网络的胎儿体重及孕妇分娩方式预测 [D]. 济南：山东大学，2008.

[267] 郭晋. 神经网络模型在预测急性心肌梗死中的应用及模型预测能力的比较研究 [D]. 北京：北京协和医学院，中国医学科学院，2013.

[268] Delen D, Walker G, Kadam A. Predicting breast cancer survivability: a comparison of three data mining methods [J]. Artificial Intelligence in Medicine, 2005, 34: 128-132.

[269] 游海燕. 急性高原病易感性的多指标神经网络预测及应用研究 [D]. 重庆：第三军医大学，2012.

[270] Chau T. A review of analytical techniques for gait data. Part 2: Neural network and wavelet methods [J]. Gait & posture, 2001, 13: 102-120.

[271] Hahn M E, Farley A M, Lin V, et al. Neural network estimation of balance control during locomotion [J]. J Biomech, 2005, 38: 717-724.

[272] Holzreiter S H, Kohle M E. Assessment of gait patterns using neural networks [J]. J Biomech, 1993, 26: 645-651.

[273] Lafuente R, Belda J M, Sanchez-Lacuesta J, et al. Design and test of neural networks and statistical classifiers in computer-aided movement analysis: A case study on gait analysis [J]. Clin Biomech, 1998, 13: 216-229.

[274] Savelberg H H, de Lange A L. Assessment of the horizontal, fore-aft component of the ground reaction force from insole pressure patterns by using artificial neural networks [J]. ClinBiomech, 1999, 14: 585-592.

[275] 段文龙. 基于神经网络的IT项目风险评估模型研究 [D]. 大连：大连海事大学，2012.

[276] 郑建安. 主成分和BP神经网络在粮食产量预测中的组合应用 [J]. 计算机系统应用，2016，25（11）：274-278.

[277] 丁红，董文永，吴德敏. 基于LM算法的双隐含层BP神经网络的水位预测 [J]. 统计与决策，2014，411（15）：16-19.

[278] Xidias E, Koutkalaki Z, Papagiannis P, et al. Foot plantar pressure estimation using artificial neural networks [J]. Product Lifecycle Management in the Era of Internet of Things, 2016, 467: 23-32.

[279] Kirk B, Carr T, Haake S, et al. Using neural networks to understand relationships in the traction of studded footwear on sports surfaces [J]. J Biomech, 2006, 39 (1): 175-183.

[280] Gomes S, Ludermir T. Optimization of the weights and asymmetric activation function family of neural network for time series forecasting [J]. Expert Syst Appl, 2013, 40: 6438-6446.

[281] 世界卫生组织 (WHO). 关于身体活动和久坐行为指南 [J]. 体育医学杂志, 2020, 54 (24): 1451-1462.

附　录

附录 I　英文缩略词

缩写	英文全称	中文全称
ABC	Activities-specific Balance Confidence Scale	特异性活动平衡自信量表
ADL	Activities of Daily Living	日常生活活动能力
ANN	Artificial Neural Networks	人工神经网络
APAs	Antici-patory Postural Adjustments	预期姿势调整
AP	Anterior Posterior	纵向（矢状面）
APAS	Ariel Performance Analysis System	艾里尔运动生物力学分析系统
BOS	Base of Support	支撑面
BBS	The Berg Balance Scale	Berg平衡量表
BP	Back Propagation	反向传播神经网络
COM	Centre of Mass	质心
COG	Center of Gravity	重心
COP	Center of Pressure	压力中心
CPAs	Com-pensatory Postural Adjustments	补偿性姿势调整
CRT	Choice Reaction Time	选择反应时
CSRT	Choice Stepping Reaction Time	下肢的迈步选择反应
DT	Dual Task	双任务
FR	Falls Risk	跌倒风险
FBM	Feed-back Mechanisms	反馈
FFM	Feed-forward Mechanisms	前馈
FES	Falls Efficacy Scale	跌倒效能量表
FRA	Falls Risk Assessment	跌倒风险评估
FRAT	Falls Risk Assessment Tool	跌倒危险评估量表
FTSST	Five times sit to stand test	5次坐立测试

附录

缩写	英文全称	中文全称
FOFS	Fear of Falling Scale	跌倒恐惧量表
LM	Levenberg–Marquardt	LM算法
MFS	Morse Fall Scale	Morse跌倒评估量表
MDRT	Multi-Directional Reach Test	多方向伸展测试
MMSE	Minimum Mental State Examination	简易精神状态量表
MTT	Multiple Tasks Test	多任务测试
MA	Motor Ability	运动能力
ML	Medial Lateral	横向（冠状面）
MSE	Mean Squared Error	均方误差
PC	Postural Control	姿势控制
POMA	Performance-oriented-oriented Assessment of Mobility	定向移动表现测试
PP	Posture Perturbation	姿势干扰
RT	Romberg Test	昂白测试
SPPB	Short Physical Performance Battery	短时身体表现测试
SRT	Simple Reaction Time	简单反应时
TWT	Timed 10-meter Walk Test	10米最大步行速度
TUG	Timed Up and Go	坐立行走计时
F	Faller	跌倒者
NF	Non-Faller	非跌倒者

附录Ⅱ 专家调查问卷Ⅰ

尊敬的专家、教授：

您好！

目前正在进行《基于姿势控制能力的老年人跌倒风险评估研究》的研究工作，鉴于影响老年人姿势控制能力的相关指标及测试方法比较繁杂，目前没有统一的测试"金标准"，但甄别哪些测试方法获得的测试指标对老年人姿势控制能力评价更有针对性和指向性至关重要。特此向您发放问卷征求您的宝贵意见和建议，您的经验和智慧将为本研究选择科学有效的测试方法提供重要信息，进而最终为老年人跌倒评估模型的创建奠定坚实基础。敬请您在百忙之中抽出宝贵时间填写本问卷，并提出您的指导意见。

本次问卷采用手机APP"问卷星"微信平台填写，您只需点开链接，直接在手机上进行填写即可。

衷心感谢您的热心支持与鼎力相助！

填表说明：

1. 评价标准：①重要；②比较重要；③一般；④不太重要；⑤不重要

2. 层次标识按照"字母+数字"的形式表明隶属关系，如A-1表示隶属于A因素的第1个隐含因素，A-1-1则表示A-1隐含因素所采取的第1种测试方法，以此类推。

3. 如果您有推荐因素及测试方法请在"空白栏"填写。

4. 如果您有补充或建议请在表格下方的"建议"栏填写。

专家基本情况

1. 您的姓名：_____
2. 你的性别：_____
3. 您的年龄：_____
4. 您的职称：_____
5. 您的单位：_____

6.您的研究领域：_____

7.您的工作年限：（　　）

①10年以下；②10~15年；③15~25年；④25年以上

8.您对老年人跌倒及相关姿势控制理论的熟悉程度：（　　）

①熟悉；②比较熟悉；③一般；④不太熟悉；⑤不熟悉

第一轮调查问卷

层次标识	因素及测试方法	评价				
A	运动动能	①	②	③	④	⑤
A-1	力量素质	①	②	③	④	⑤
A-2	速度素质	①	②	③	④	⑤
A-3	柔韧素质	①	②	③	④	⑤
A-4	耐力素质	①	②	③	④	⑤
A-5	灵敏素质	①	②	③	④	⑤
A-6	平衡能力	①	②	③	④	⑤
A1-1	握力测试	①	②	③	④	⑤
A1-2	搬举力测试	①	②	③	④	⑤
A1-3	5次坐立测试（FTSST）	①	②	③	④	⑤
A1-4	站立提踵测试	①	②	③	④	⑤
A2-1	10米最大行走速度测试	①	②	③	④	⑤
A2-2	6米倒走速度测试	①	②	③	④	⑤
A3-1	坐位体前屈测试	①	②	③	④	⑤
A3-2	立位体前屈测试	①	②	③	④	⑤
A3-3	双手背勾测试	①	②	③	④	⑤
A4-1	1000米走测试	①	②	③	④	⑤
A4-2	两分钟原地踏步测试	①	②	③	④	⑤

层次标识	因素及测试方法	评价				
A5-1	手灵敏度测试	①	②	③	④	⑤
A5-2	脚灵敏度测试	①	②	③	④	⑤
A6-1	单脚闭眼站立测试	①	②	③	④	⑤
A6-2	坐—立行走计时测试（TUG）	①	②	③	④	⑤
A6-3	步态测试	①	②	③	④	⑤
A6-4	足底压力测试	①	②	③	④	⑤
B	感觉功能	①	②	③	④	⑤
B1	视觉能力	①	②	③	④	⑤
B2	听觉能力	①	②	③	④	⑤
B3	触觉能力	①	②	③	④	⑤
B4	前庭功能	①	②	③	④	⑤
B5	本体感觉	①	②	③	④	⑤
B1-1	视力（视敏度）测试	①	②	③	④	⑤
B1-2	视野测试	①	②	③	④	⑤
B2-1	听力测试	①	②	③	④	⑤
B3-1	足部皮肤两点辨别阈测试	①	②	③	④	⑤
B4-1	坐立—转身—站立摇摆度测试	①	②	③	④	⑤
B4-2	旋转测试	①	②	③	④	⑤
B5-1	肩关节动觉方位测试	①	②	③	④	⑤
B5-2	肘关节动觉方位测试	①	②	③	④	⑤
B5-3	髋关节动觉方位测试	①	②	③	④	⑤
B5-4	膝关节动觉方位测试	①	②	③	④	⑤
B5-5	踝关节动觉方位测试	①	②	③	④	⑤

层次标识	因素及测试方法	评价				
C	认知功能	①	②	③	④	⑤
C1	记忆能力	①	②	③	④	⑤
C2	注意能力	①	②	③	④	⑤
C3	定向能力	①	②	③	④	⑤
C4	决断能力	①	②	③	④	⑤
C5	空间知觉	①	②	③	④	⑤
C1-1	空间图形判断测试	①	②	③	④	⑤
C2-1	选择反应时测试	①	②	③	④	⑤
C2-2	双任务测试测试	①	②	③	④	⑤
C3-1	简易精神状态测试（MMSE）	①	②	③	④	⑤
C4-1	速度知觉测试	①	②	③	④	⑤
C5-1	空间知觉测试	①	②	③	④	⑤

您的建议：_____

_____

_____

附录 Ⅲ　专家调查问卷 Ⅱ

尊敬的专家、教授：

您好！

对您能在百忙之中持续参与《基于姿势控制能力的老年人跌倒风险评估研究》中有关姿控制能力测试方法筛选的第二轮修订表示最诚挚的谢意！

在第一轮问卷（问卷Ⅰ）中，根据每个指标选项中①重要、②比较重要、③一般、④不太重要、⑤不重要，分别赋值9、7、5、3、1分，对专家的评价意见进行了统计，计算出每个指标的意见集中度和意见协调度（变异系数），并参照相关文献，按意见集中度＜7，意见协调度＞0.2的剔除标准进行了指标的初步筛选。重新制定了本次调查问卷，请您再次对现有的指标进行评定和补充。

本次问卷采用手机APP"问卷星"微信平台填写，您只需点开链接，直接在手机上进行填写即可。

由衷感谢您的再次鼎力协助！

此致
敬礼！

填表说明：

1. 评价标准：①重要；②比较重要；③一般；④不太重要；⑤不重要。

2. 层次标识按照"字母+数字"的形式表明隶属关系，如A–1表示隶属于A因素的第1个隐含因素，A–1–1则表示A–1隐含因素所采取的第1种测试方法，以此类推。

3. 如果您有推荐因素及测试方法请在"空白栏"填写。

4. 如果您有补充或建议请在表格下方的"建议"栏填写。

调查问卷（第二轮）

层次标识	因素及测试方法	评价				
A	运动动能	①	②	③	④	⑤
A-1	力量素质	①	②	③	④	⑤
A-2	速度素质	①	②	③	④	⑤
A-5	灵敏素质	①	②	③	④	⑤
A-6	平衡能力	①	②	③	④	⑤
A1-3	5次坐立测试（FTSST）	①	②	③	④	⑤
A2-1	10米最大行走速度测试	①	②	③	④	⑤
A5-2	脚灵敏度测试	①	②	③	④	⑤
A6-1	单脚闭眼站立测试	①	②	③	④	⑤
A6-2	坐—立行走计时测试（TUG）	①	②	③	④	⑤
A6-3	步态测试	①	②	③	④	⑤
B	感觉功能	①	②	③	④	⑤
B1	视觉能力	①	②	③	④	⑤
B4	前庭功能	①	②	③	④	⑤
B5	本体感觉	①	②	③	④	⑤
B1-1	视力（视敏度）测试	①	②	③	④	⑤
B4-1	坐立—转身—站立摇摆度测试	①	②	③	④	⑤
B5-3	髋关节动觉方位测试	①	②	③	④	⑤

层次标识	因素及测试方法	评价				
B5-4	膝关节动觉方位测试	①	②	③	④	⑤
B5-5	踝关节动觉方位测试	①	②	③	④	⑤
C	认知功能	①	②	③	④	⑤
C2	注意能力	①	②	③	④	⑤
C4	决断能力	①	②	③	④	⑤
C5	空间知觉	①	②	③	④	⑤
C2-1	选择反应时测试	①	②	③	④	⑤
C2-2	双任务测试测试	①	②	③	④	⑤
C4-1	速度知觉测试	①	②	③	④	⑤
C5-1	空间知觉测试	①	②	③	④	⑤

您的建议：_____

_____

_____

_____

附录Ⅳ　知情同意书

尊敬的先生/女士：

您将被邀请参加一项有关老年人姿势控制能力与跌倒风险评估的实验研究。目的是通过测试数据深入分析老年人跌倒风险与姿势控制能力之间的特定关系，寻求较为可靠的跌倒风险预测方法，为老年人跌倒预防提供科学的依据，逐渐减少老年人跌倒事件的发生，以提高老年人的健康水平和生活质量。在您决定是否参加这项研究之前，请仔细阅读以下内容，您可以和您的家人或者亲友讨论后再做决定。如果您有不明之处，可以联系研究人员给您做出详细的解答。

一、入选条件

年龄 60 岁以上，意识清醒，能够独立行走（可使用步行辅助工具），无言语理解及认知障碍，无足部畸形、下肢疾患和外伤史。目前未服用相关药物（如神经松弛剂、支气管治疗剂、抗抑郁药物等）。实验期间能进行正常的沟通与交流，髋、膝、踝等关节活动正常。

二、需要做什么

在入选本项研究前，首先进行个人基本信息采集，询问并记录您的健康状况、用药情况、跌倒史及其他病史等，请您如实回答相关咨询，以确定您是否可以参加研究。

如果您符合入选条件，并同意参加本次研究，我们会给您进行平衡、步态、感知觉等有关姿势控制能力的测试，所有测试均为无创伤性实验，且所采集数据仅用于科学研究。

三、研究可能的收益

如果您能积极配合，并按照要求完成整个实验过程，您会对自己的平衡能力及相关姿势控制能力有更加深入的了解，对自身的跌倒风险状况有初步的认识，这对提高您的健康水平和生活质量都是有益的。

四、个人信息的保密

本次研究所取得的结果与资料均用于科学研究，研究结果将在不泄露您身份的前提下因科学目的而发表。我们将在允许的范围内，尽一切努力保护您的隐私。

五、可自愿选择参加和中途退出

是否参加本项研究完全取决于您的自愿，您可以拒绝参加或在研究过程中的任何时间选择退出，您不会因此受到任何不公平待遇，个人利益不会受到影响。如果您选择参加本项研究，我们希望您能够坚持完成全部测试过程。如果您有任何身体不适不能完成测试，或有何疑义请及时告知我们。我们保证完全尊重您的意见。

请您确认已了解本次测试的目的、内容及相关风险性，并且不存有任何疑问，同意成为本次测试的受试对象。如果您同意，请您在本征询意见书签署您的名字。

本人确认签名：_____

____年____月____日

附录Ⅴ 受试者基本情况调查问卷

一、基本概况

1. 姓名：_____；2.性别：_____；3. 出生日期：_____年_____月_____日
4. 联系电话：_____；家庭住址（或社区）_____
5. 文化程度：①没上过学 ②小学 ③初中 ④高中/中专 ⑤大学 ⑥研究生
6. 您原先从事的职业：①农民 ②个体从业者 ③企业退休人员 ④事业单位退休人员

二、生活习惯

1. 吸烟史：①吸烟（__支/天×年）②已戒烟：已戒__年 ③不吸烟
2. 饮酒史：①饮酒（a.每天≥1次；b.4~6次/周；c.1~3次/周；d.<1次/周）
   　　　　②已戒酒：已戒__年　　③不饮酒
3. 运动史：有无规律的锻炼习惯？ ①有规律 ②无规律 ③无锻炼习惯
   　　回答①者填继续填写，回答②者只填"运动类型"
规律运动的时间：① <2 年 ② 2~5 年 ③ 5~10 年 ④ >10 年
运动频率：①1 次/周 ② 2~3 次/周 ③4~5 次/周 ④更多
每次运动时间：① <30 分钟 ②30~60 分钟 ③1~2 小时 ④更多
运动类型（可多选）：□球类 □跑步 □慢走 □快走 □爬山 □游泳
　　　　　　　　　　□武术 □太极 □气功 □健美操 □舞蹈 □跳绳
　　　　　　　　　　□自行车 □力量
　　　　　　　　　　其他项目_____

三、病史及服用药物

1. 曾患重大疾病：_____；是否康复：① 是 ② 否
2. 现病史情况：_____
3. 服用药物情况：①每天　②偶尔　③不服用
4. 服用药物的量：①服用1种药物　②同时服用1~3种药物
　　　　　　　　③同时服用≥4种药物

5.服药名称或用途：_____

四、跌倒史

1. 在过去的12月内，您是否发生过跌倒：
   ①是 ②否（若为"否"，则不用勾选下列问题）
2. 在过去的一年内，跌倒发生次数：① 1 次 ② 2 次 ③ ≥3 次
3. 跌倒的地点：①家中卧室或客厅　②厕所/浴室
   　　　　　　③室外活动空间，如马路、公园、楼梯、广场等
   　　　　　　④公共购物场所（商场、市场）　⑤其他场所
4. 跌倒时在做什么：
   ①行走　②做家务　③运动　④站起或坐下过程中
   ⑤上下楼梯　⑥洗澡　⑦上厕所　⑧穿脱衣服
   ⑨其他_____
5. 您的跌倒属于：
   ①绊倒　②滑倒　③碰撞/推倒　④踩空
   ⑤晕倒　⑥跌落　⑦其他
6. 跌倒后是否受伤：①是 ②否（若为"否"，则不用勾选 7~12 题）
7. 受伤部位（可多选）：
   ①头面部　②颈部　③躯干（胸/腹/腰部）
   ④髋部　⑤上肢　⑥下肢
8. 具体损伤（可多选）：
   ①软组织损伤（皮外伤、血肿、扭伤或关节脱位）
   ②骨折　③颅脑损伤　④其他
9. 受伤后的处理：①自行处理未就医 ②门诊 ③住院 ④其他
10. 跌倒后卧床时间：①没有 ②<7 天 ③7~30 天 ④31~90 天 ⑤>90 天
11. 目前损伤恢复状态：①痊愈 ②部分行动受限 ③残疾 ④行动使用辅助器具
12. 跌倒后生活不能自理的时间：
    ①没有　②<7 天　③7~30 天　④31~90 天　⑤>90 天

附录Ⅵ　BP神经网络跌倒分类预测模型运行程序

% Create a BP neural network for falls prediction

clear, clc

% Read out the data

% The first column is the classification of the target fall

% Columns 2-11 correspond to 10 fall-related test indicators

AllData=xlsread（'Data.xlsx', 'Sheet1', 'B2:L285'）;

[TotalRow, TotalCol]=size（AllData）;

TrainDataNum=200;

TestDataNum=TotalRow-TrainDataNum;

% Obtain training samples and test samples from AllData

TrainData=AllData（1:TrainDataNum, 2:TotalCol）;

TargetData=AllData（1:TrainDataNum, 1）;

TestData=AllData（TrainDataNum+1:TotalRow, 2:TotalCol）;

DesiredValue=AllData（TrainDataNum+1:TotalRow, 1）;

%The number of input layer nodes is 10 and the number of hidden layer nodes is 12

HideNodeNum=12;

% Create a BP Neural Network

net=feedforwardnet（HideNodeNum, 'trainlm'）;

net.trainParam.epochs=1000;

net.trainParam.goal=0.001;

net.layers{1}.transferFcn='tansig';

net.layers{2}.transferFcn='purelin';

```
% Training the Network
[net, tr]=train（net, TrainData', TargetData'）;
A=sim（net, TrainData'）;
E=TargetData'-A;
MSE=mse（E）;

ActualOutput=net（TestData'）;
ActualOutput=（ActualOutput>=0.5）;
% Calculate the correct number of categories
result=sum（ActualOutput==DesiredValue'）;
% Prediction the rate of accuracy
rate=result/TestDataNum;
% as the rate reach 95% or more, save the network
%The best network will do prediction in the future
if rate>0.95
save BPnet net
end
```